suhrkamp taschenbuch
wissenschaft 2300

1948 schrieb Theodor W. Adorno einen bis heute unpublizierten Text zum autoritären Charakter, in dem es nicht vornehmlich um einen Rückblick auf die Nazi-Barbarei geht, sondern vor allem und allgemeiner um das Individuum im Kapitalismus, das in Unmündigkeit gezwungen ist, diese aber auch zu wählen scheint. Besonders intensiv erörtert er die Dialektik der Aufklärung und die Bedeutung des Antisemitismus für die Kritische Theorie – Themen, die angesichts der heutigen Krise des Politischen nichts an Aktualität eingebüßt haben. Neben den erstmals publizierten »Bemerkungen« enthält der Band zwei weitere Schlüsseltexte zum autoritären Charakter und zur öffentlichen Meinung. Einleitung und Nachwort der Herausgeberin erläutern deren Entstehungskontext und stellen Bezüge zu heutigen Debatten her.

Das Werk Theodor W. Adornos (1903-1969) erscheint im Suhrkamp Verlag.

Eva-Maria Ziege ist Professorin für Politische Soziologie an der Universität Bayreuth. Bisher im Suhrkamp Verlag erschienen: *Antisemitismus und Gesellschaftstheorie. Die Frankfurter Schule im amerikanischen Exil* (stw 1913).

Theodor W. Adorno
Bemerkungen zu *The Authoritarian Personality* und weitere Texte

Herausgegeben von
Eva-Maria Ziege

Suhrkamp

Bibliografische Information der Deutschen Nationalbibliothek
Die Deutsche Nationalbibliothek verzeichnet diese Publikation
in der Deutschen Nationalbibliografie; detaillierte bibliografische Daten
sind im Internet über http://dnb.d-nb.de abrufbar.

2. Auflage 2020

Erste Auflage 2019
suhrkamp taschenbuch wissenschaft 2300

Umschlag nach Entwürfen
von Willy Fleckhaus und Rolf Staudt
Druck: Druckhaus Nomos, Sinzheim
Printed in Germany
ISBN 978-3-518-29900-5

Inhalt

Inhalt

Einleitung der Herausgeberin

1947 schrieb Theodor W. Adorno einen Text, der hier erstmals veröffentlicht wird: »Bemerkungen zu *The Authoritarian Personality*«.[1] Er bezieht sich auf jene Untersuchung, die bald zu einem Klassiker der Sozialforschung des 20. Jahrhunderts werden sollte: *The Authoritarian Personality*.[2] Das Hauptthema der berühmten Studie war, so Max Horkheimer, nichts Geringeres als eine neue Anthropologie des Individuums im gegenwärtigen Kapitalismus. Es ging um

> ein relativ neues Konzept – das Aufkommen einer »anthropologischen« Spezies, die wir als den autoritären Menschentypus bezeichnen. Im Gegensatz zum Fanatiker früherer Zeiten scheint er die für eine hochindustrialisierte Gesellschaft charakteristischen Vorstellungen und Fähigkeiten mit irrationalen oder antirationalen Überzeugungen zu verbinden. Er ist zugleich aufgeklärt und abergläubisch, stolz, Individualist zu sein und in ständiger Furcht, nicht so zu sein wie alle anderen, eifersüchtig auf seine Unabhängigkeit bedacht und geneigt, sich blindlings der Macht und Autorität zu unterwerfen.[3]

The Authoritarian Personality von Adorno, Else Frenkel-Brunswik, Daniel J. Levinson und R. Nevitt Sanford wurde 1950 in der Reihe *Studies in Prejudice* in den USA publiziert und erschien nie vollständig in deutscher Sprache. Zwar gab es schon in den 1950er Jahren, nachdem das Institut für Sozialforschung (IfS) aus dem US-Exil

1 Theodor W. Adorno, »Remarks on ›The Authoritarian Personality‹ by Adorno, Frenkel-Brunswik, Levinson, Sanford (1948)«. Das Originaltyposkript befindet sich im Nachlaß Max Horkheimer, der im Archivzentrum der Universitätsbibliothek J.B. Senckenberg an der Goethe-Universität Frankfurt am Main aufbewahrt wird: UBA Ffm Na 1, 506.

2 Theodor W. Adorno, Else Frenkel-Brunswik, Daniel J. Levinson, R. Nevitt Sanford, *The Authoritarian Personality*, New York 1950. Die *Studies in Prejudice Series* wurde von Max Horkheimer und Samuel H. Flowerman herausgegeben, als Mitarbeiter an *The Authoritarian Personality* wurden im Buch genannt: Betty Aron, Maria Hertz Levinson und William Morrow.

3 Max Horkheimer, »Preface«, in: ebd., ix (Übers. E.-M. Z.). Eine übersetzte Fassung in: Max Horkheimer, *Gesammelte Schriften*, hg. v. Alfred Schmidt u. Gunzelin Schmid Noerr, Bd. 5: *»Dialektik der Aufklärung« und Schriften 1940-1950*, hg. v. Gunzelin Schmid Noerr, Frankfurt/M. 1987, 415-420.

in die Bundesrepublik Deutschland zurückgekehrt war, Pläne, das fast tausendseitige Werk zu übersetzen, aber sie scheiterten ebenso wie spätere Versuche, auch wenn 1968 Teile im Raubdruck erschienen.[4] Seine eigenen Beiträge zu diesem Projekt einem deutschen Publikum zugänglich zu machen war »immer Adornos besonderer Wunsch«, wie Ludwig von Friedeburg 1973 in der Vorrede zu der (diesen Wunsch verwirklichenden) Teilausgabe schrieb, die zum 11. September 1973 – Adornos 70. Geburtstag – unter dem Titel *Studien zum autoritären Charakter* erschien.[5] Der hier vorliegende Band erscheint zum Todestag Adornos am 6. August 1969, der sich 2019 zum fünfzigsten Mal jährt. Er enthält neben den »Bemerkungen« zwei weitere Texte, die zeigen, wie Adorno im zeitgeschichtlichen Kontext Westdeutschlands Fragen aus *The Authoritarian Personality* in allgemeinerer Absicht reformulierte und das sozialpsychologische Unterfangen 20 Jahre später reflektierte.[6]

Als die »Bemerkungen zu *The Authoritarian Personality*« entstanden, war die *Dialektik der Aufklärung* von Horkheimer und Adorno gerade erschienen.[7] Der langwierige Editionsprozeß für den umfangreichen Band zum autoritären Charakter war noch in

4 Vgl. den Briefwechsel zwischen Max Horkheimer und Marc Vosk vom American Jewish Committee (AJC) aus dem Jahr 1953, in: YIVO Institute for Jewish Research, AJC Folder: Bigotry and Prejudice, Studies in Prejudice, German version. 1968 erschien im Raubdruck bei de Munter eine deutsche Textauswahl aus den *Studies in Prejudice* mit Teilen aus *The Authoritarian Personality*. Die Texte waren, so das Vorwort Horkheimers 1953, von Studenten nicht einfach übersetzt, sondern für deutsche Leser gewissermaßen neu geschrieben worden: Theodor W. Adorno u. a., *Der autoritäre Charakter. Studien über Autorität und Vorurteil*, 2 Bde., Amsterdam 1968. Dies war keine von den Verfassern autorisierte Ausgabe.

5 Theodor W. Adorno, *Studien zum autoritären Charakter* [1973], hg. vom Institut für Sozialforschung, Frankfurt/M. 92016.

6 Theodor W. Adorno, »Meinung Wahn Gesellschaft« [1960/61], in: ders., *Gesammelte Schriften*, hg. von Rolf Tiedemann, Bd. 10: *Kulturkritik und Gesellschaft*, Frankfurt/M. 1977, 573-594; ders., »Wissenschaftliche Erfahrungen in Amerika« [engl. 1968], in: ebd., 702-738. Siehe in vorliegendem Band: 109-131 bzw. 71-107.

7 Die *Dialektik der Aufklärung* mit dem Untertitel *Philosophische Fragmente* erschien nach der hektographierten Urfassung von 1944 um einen Abschnitt erweitert und im Hinblick auf marxistische Begriffe leicht bereinigt 1947 im Querido Verlag Amsterdam und als bearbeitete Ausgabe letzter Hand 1969 bei S. Fischer, Frankfurt/M. Die textkritische Ausgabe in: Horkheimer, *Gesammelte Schriften*, Bd. 5, 11-290, macht die Unterschiede zwischen den Fassungen von 1944, 1947 und 1969 kenntlich; nach dieser Ausgabe wird hier zitiert.

vollem Gange und zog sich mit Bearbeitungen und neuen Texteinschüben bis 1949 hin. Die »Bemerkungen« wurden als Entwurf für ein »Kapitel über die Stellung der Studie im Verhältnis zu anderen Theorien und Forschungen« geschrieben.[8] Adorno wollte dieses Kapitel zunächst »lieber aus dem Buch draußen halten und irgendwie separat publizieren«,[9] später aber von Sanford »nun doch zum Kern des Schlußkapitels«[10] machen lassen. Deshalb strukturierte er den Text in einer für ihn untypischen Weise mit Zwischenüberschriften alphanumerisch entsprechend dem Gliederungsprinzip der Studie.

In der Tat gingen Aspekte seines Entwurfs von 1947 in das erheblich kürzere Schlußkapitel ein, das nicht namentlich gezeichnet wurde und die Standpunkte der anderen Autorinnen und Autoren ebenso zu berücksichtigen hatte.[11] *The Authoritarian Personality* war ja nicht, oder jedenfalls nicht nur, ein Produkt des IfS. Es handelte sich um ein Kooperationsprojekt mit der Berkeley Public Opinion Study Group, in das außerdem in einem durchaus inhaltlichen Sinn das American Jewish Committee (AJC) – der Geldgeber – eingebunden war. Adorno war der einzige Vertreter der Kritischen Theorie in dem Team, das er zusammen mit dem amerikanischen Psychologen Nevitt Sanford leitete. Daniel J. Levinson und die österreichische Exilantin Else Frenkel-Brunswik, beide ebenfalls Psychologen, arbeiteten seit längerem mit Sanford zusammen. Sanford und Levinson hegten keine größeren gesellschaftstheoretischen Ambitionen, sondern waren positivistisch, ja, zum Teil behavioristisch orientiert. Sie arbeiteten quantitativ, waren jedoch durchaus offen für andere Methoden. Frenkel-Brunswik war durch den Wiener Kreis und den logischen Empirismus, die Psychologie Charlotte Bühlers, aber auch die Psychoanalyse (unter anderem in Gestalt einer an Fromm anschließenden Sozialisationstheorie) von ganz unterschiedlichen, ja konträren Theorieansätzen beeinflußt und löste sich im Exil immer mehr vom Behaviorismus.

8 Brief Adorno an Horkheimer, 26. 5. 1948, in: Theodor W. Adorno, Max Horkheimer, *Briefwechsel 1945-1949*, hg. von Christoph Gödde u. Henri Lonitz, Frankfurt/M. 2005, 225.

9 Adorno an Horkheimer, Anfang Dezember 1947, in: ebd., 188.

10 Adorno an Horkheimer, 26. 5. 1948, in: ebd., 225.

11 Adorno u. a., *The Authoritarian Personality*, Kap. XXIII, 971-976. Das Kapitel ist nicht namentlich gezeichnet.

Der kleinste gemeinsame Nenner der Berkeley-Gruppe und des IfS lag in der Orientierung am dynamischen Charaktermodell der Psychoanalyse und einer gemeinsamen Ablehnung der metapsychologischen und phylogenetischen Spekulationen Freuds.

Man kann vermuten, daß die an der Studie beteiligten Psychologen – vielleicht mit Ausnahme Frenkel-Brunswiks – die Kritische Theorie der Frankfurter Prägung kaum kannten. Das mag Horkheimer und Adorno in gewisser Weise sogar entgegengekommen sein, hatten sie doch schon Anfang der 1930er Jahre damit begonnen, den Marxschen Gehalt ihrer Arbeiten unsichtbar zu machen. Und in den Vereinigten Staaten, wo sie Zuflucht vor der Nazidiktatur fanden, war die Entscheidung für eine esoterische Kulturkritik der »*verschwiegenen Orthodoxie*«[12] auch politisch vernünftig. Sie erhöhte zudem die Chancen auf Kooperationsmöglichkeiten des IfS mit der Normalwissenschaft in den USA, ja war eine Voraussetzung für den Erfolg von *The Authoritarian Personality* und der *Studies in Prejudice* insgesamt. In der Bundesrepublik sollten sich diese »Bedenken gegen eine allzu offene Sprache« keineswegs verflüchtigen, sondern Anfang der 1960er Jahre sogar verschärfen.[13] Dies zeigt unter anderem Adornos Text »Meinung Wahn Gesellschaft«.[14] Erst mit den Raubdrucken der Studentenbewegung Ende der 1960er Jahre änderte sich die Situation, und das Nebeneinander von esoterischem und exoterischem Denken wurde offenbar.

Auch die empirischen Projekte hatten »›esoterische‹ Bedeutung«.[15] Das ist keine nachträgliche Konstruktion, vielmehr machen es die internen Korrespondenzen des Kreises der exilierten Frankfurter seit den frühen 1940er Jahren deutlich. Intern blieb nicht nur die Kritik an der Anthropologie und der Metapsychologie Freuds, während nach außen eine orthodoxe Lesart der Psychoanalyse im Einklang mit Freuds zweiter Triebtheorie favorisiert wurde, sondern vor allem die marxistisch grundierte Kritik der Politischen Ökonomie.

12 Jürgen Habermas, *Theorie und Praxis. Sozialphilosophische Studien*, Frankfurt/M. [9]2014, 235.

13 Friedrich Pollock an Horkheimer, 24.1.1961, in: Max Horkheimer, *Gesammelte Schriften*, Bd. 18: *Briefwechsel 1949-1973*, hg. von Gunzelin Schmid Noerr, Frankfurt/M. 1996, 502.

14 In diesem Band, 109-131.

15 Horkheimer an Leo Löwenthal, 31.10.1942, in: Max Horkheimer, *Gesammelte Schriften*, Bd. 17: *Briefwechsel 1941-1948*, hg. von Gunzelin Schmid Noerr, Frankfurt/M. 1996, 366 (Übers. E.-M. Z.).

Und obwohl sich Adorno bei seinen qualitativen Inhaltsanalysen in *The Authoritarian Personality* an den marxistischen Annahmen des Kernparadigmas orientierte, waren sie so subtil, daß sie kaum jemand erkennen konnte. Die »Bemerkungen zu *The Authoritarian Personality*«, gewissermaßen eine »Ortsbestimmung der kritischen Theorie«, machen sie und damit auch den gesellschaftstheoretischen Kern des Ganzen sichtbar.

Andere und kürzere Textstücke hingegen, die dem Interesse Horkheimers und Adornos dienten, »soweit wie nur möglich unseren eigentlichen Standpunkt«[16] zu verdeutlichen, wurden noch 1948/49 in letzter Minute an entscheidenden Stellen in *The Authoritarian Personality* eingefügt. Adorno schrieb eine kurze Einleitung »von außerordentlicher Wichtigkeit« zu seinem Teil des Bandes,[17] Horkheimer die eingangs zitierte programmatische Passage, den grandiosen Auftakt des Vorworts.[18] Der Band insgesamt aber war theoretisch viel offener – bis hin zu Orientierungen, die im Revisionismus- und im Positivismusstreit und in der unermüdlichen Kritik am Behaviorismus wiederholt Gegenstand wissenschaftlicher Debatten mit anderen Schulen wurden. Durch sie wurde das Paradigma der »Frankfurter Schule« in zyklischen Abständen reaktualisiert und immer wieder aufs neue gegen andere Ansätze profiliert.[19]

Als für seinen Anteil an den Untersuchungen »verbindlich«[20] betrachtete Adorno das Kapitel »Elemente des Antisemitismus. Grenzen der Aufklärung« in der *Dialektik der Aufklärung*. Mit diesem Hinweis wollte er Ende der 1960er Jahre ein Mißverständnis auflösen, »dem die ›Authoritarian Personality‹ von Anbeginn sich

16 Adorno an Horkheimer, 10.6.1949, in: *Briefwechsel 1945-1949*, 270.

17 Adorno an Horkheimer, 24.6.1949, in: ebd., 280. Es handelt sich um »Introductory Remarks«, die Adorno seinen qualitativen Analysen zum »Vorurteil im Interview-Material« voranstellte. Dieser Teil fehlt in dem deutschen Auswahlband der *Studien*, vgl. *The Authoritarian Personality*, 603 f. Vgl. auch den Brief Adornos an seine Mutter, 30.6.1949, in: Theodor W. Adorno, *Briefe an die Eltern 1939-1951*, hg. von Christoph Gödde u. Henri Lonitz, Frankfurt/M. 2003, 516.

18 Siehe oben, Fn. 3.

19 Vgl. Bernard Görlich, Alfred Lorenzer, Alfred Schmidt, *Der Stachel Freud. Beiträge und Dokumente zur Kulturismus-Kritik. Mit Texten v. Otto Fenichel, Th. W. Adorno, Max Horkheimer und Herbert Marcuse*, Frankfurt/M. 1980; Theodor W. Adorno u. a., *Der Positivismusstreit in der deutschen Soziologie*, Darmstadt, Neuwied 1969.

20 Adorno, »Wissenschaftliche Erfahrungen in Amerika«, 721 (in diesem Bd.: 91).

ausgesetzt sah, und an dem sie, durch ihre Akzentsetzung, nicht ganz unschuldig sein mochte«, wie er in »Wissenschaftliche Erfahrungen in Amerika« sagte: »daß die Autoren versucht hätten, den Antisemitismus, und darüber hinaus den Faschismus insgesamt, lediglich subjektiv zu begründen, dem Irrtum verfallen, dies politisch-ökonomische Phänomen sei primär psychologischer Art«.[21] Die *Dialektik der Aufklärung* war für *The Authoritarian Personality* aber auch insofern von größter Bedeutung, als er Fragen für die Interviews teilweise »durch eine Art von Übersetzungsarbeit aus den ›Elementen des Antisemitismus‹ ausdestilliert« hatte.[22] Die Studie wich, wie Adorno später schrieb, in spielerischer Freiheit »von den Vorstellungen einer pedantischen Wissenschaft [...] erheblich« ab.[23] Neben der *Dialektik der Aufklärung* griff er außerdem auf eine bereits abgeschlossene empirische Studie des IfS zurück – *Antisemitism among American Labor* (1945) –, auf deren Grundlage er einen eigenen weiteren Fragebogen ausarbeiten ließ.[24] Die »Arbeiterstudie« – ein heute nahezu vergessenes Großprojekt, weil die Publikationspläne sich nie realisieren ließen – war größtenteils 1944 entstanden. Mitarbeiter des Instituts hatten untersucht, wie sich der Zweite Weltkrieg und die Medienberichte über den Völkermord an den europäischen Juden auf Einstellungen gegenüber Juden in der US-amerikanischen Arbeiterschaft auswirkten. Die Studie ist gewissermaßen das *missing link* zwischen *Dialektik der Aufklärung* und *The Authoritarian Personality*. Sie ist auch ein multikulturelles »blue-collar«-Pendant zu letzterer, deren Sample sich ausschließlich aus weißen nichtjüdischen Angehörigen der Mittelschicht zusammensetzte, die in den USA geboren waren.

21 Ebd., 722 (91).

22 Adorno an Horkheimer, 9.11.1944, in: Theodor W. Adorno, Max Horkheimer, *Briefwechsel 1938-1944*, hg. von Christoph Gödde u. Henri Lonitz, Frankfurt/M. 2004, 347.

23 Adorno, »Wissenschaftliche Erfahrungen in Amerika«, 726 (95).

24 Vgl. Adorno, in: Adorno u. a., *The Authoritarian Personality*, 605. Der Absatz, in dem er das beschreibt, fehlt – ohne Kennzeichnung – in der deutschen Ausgabe, siehe Adorno, *Studien zum autoritären Charakter*, 105. Vgl. auch *Antisemitism among American Labor. Report on a Research Project conducted by the Institute of Social Research (Columbia University) in 1944-1945*, May 1945. 4 hekt. Bde, 1449 S., Archivzentrum der Universitätsbibliothek J.B. Senckenberg an der Goethe-Universität Frankfurt am Main, UBA Ffm Na 1, 678. Die Studie wurde vom Jewish Labor Committee finanziert.

Man darf nicht vergessen, daß das IfS im Exil über lange Zeit ein wissenschaftlicher Außenseiter war: Es war nur zeitweise und lose an einer Universität verankert und wurde durch zivilgesellschaftliche Interessenverbände finanziert, nicht durch eine der großen Stiftungen wie Rockefeller oder Carnegie. Die US-amerikanische Soziologie, die sich in der *American Sociological Association* (ASA) organisierte, war dominiert vom Positivismus und vom Wertfreiheitstheorem einer sich am Modell der Naturwissenschaft orientierenden Sozialwissenschaft, dazu geprägt von politischem Isolationismus und einem keineswegs immer nur latenten Antisemitismus. Als Max Horkheimer 1949 die eingangs zitierte Passage über die »anthropologische« Spezies des autoritären Charakters an prominenter Stelle in das Vorwort zu *The Authoritarian Personality* einschob, war er sich bewußt, wie sehr er die »Lundborgs [sic!]« damit ärgern würde.[25] Aller behaupteten Wertfreiheit zum Trotz war die Anpassung des Individuums an die herrschende Ordnung das erklärte Ziel George Lundbergs, der 1943 Präsident der ASA war; ja, Soziologie als Wissenschaft sollte *expressis verbis* ein Instrument dieser Anpassung sein.[26] In seiner »Presidential Address« hatte Lundberg die legalistische und moralistische Einmischung der Juden in eine rationale Soziologie attackiert und sich damit des klassischen Repertoires antisemitischer Stereotype bedient.[27] Demgegenüber stand Talcott Parsons, der 1949 zum Präsidenten der ASA gewählt wurde, mit seinem politischen Engagement sowie mit seinen Faschismus- und Antisemitismusanalysen dezidiert für eine Gegenbewegung. Eine Faschismusgefahr für die USA sah er aber ebensowenig wie Lundberg.[28]

Parsons Einschätzung, für die jener gute Gründe hatte, wurde bei weitem nicht von allen geteilt. Die Forschungsaufträge für die *Studies in Prejudice* oder andere Projekte zu ähnlichen Themen,

25 Horkheimer an Adorno, 1. 6. 1949, in: dies., *Briefwechsel 1945-1949*, 266.

26 Vgl. Heinz Maus, *A Short History of Sociology* [1956], London ²1965, 134.

27 George A. Lundberg, »Sociologists and the Peace« (Presidential Address before the Thirty-Eighth Annual Meeting of the American Sociological Society), in: *American Sociological Review* 9:1 (1944), 1-13, bes.: 3.

28 Talcott Parsons, »Sociology of Modern Anti-Semitism«, in: Isacque Graeber, Steuart Henderson Britt (Hg.), *Jews in a Gentile World. The Problem of Anti-Semitism*, New York 1942, 101-122; vgl. die Fassung in: Uta Gerhardt (Hg.), *Talcott Parsons on National Socialism*, New York 1993, 131-152, bes.: 147 f.

etwa Eugene Hartleys *Problems in Prejudice*,[29] zeigen, wie real die Gefahr eines aufkommenden Faschismus gerade *nach* dem Zweiten Weltkrieg wissenschaftlichen, politischen und zivilgesellschaftlichen Gruppen schien. Auch in den USA gab es eine Tradition des Mißtrauens gegen die konstitutionelle Demokratie, die im Populismus ihre »klassische Form« gewann,[30] beispielsweise in Gestalt der *Populist Party*, einer in den 1890er Jahren gegründeten linken Bauernpartei, die die Interessen des Volkes gegen die der Eliten verteidigen wollte. Solche Bewegungen von links wie rechts setzten sich vom Ersten bis zum Zweiten Weltkrieg in zum Teil gewaltbereiten Gruppen wie dem Ku-Klux-Klan und der America First Party von Gerald L. K. Smith fort. Sozialrevolutionäre und faschistische Prediger und Agitatoren der extremen Rechten waren öffentlich präsent und erreichten vor allem über den Rundfunk Millionen Amerikaner. Zwar war Antisemitismus mit der Ideologie des »Amerikanismus«[31] unvereinbar und unter den Präsidenten Roosevelt und Truman geächtet, aber seine Konjunkturen verliefen trotzdem wie in Europa und er erreichte 1947 hier wie dort noch hohe Werte, die erst Ende der 1940er Jahre deutlich zurückgingen.[32] Die erste Phase der Rezeption von *The Authoritarian Personality* fiel in die McCarthy-Ära, die von 1947 an knapp zehn Jahre das politische Geschehen dominierte. Auch Talcott Parsons wurde Zielscheibe eines Verfahrens unter McCarthy.

Im Mittelpunkt von *The Authoritarian Personality* stand das »*potentiell faschistische* Individuum [...], dessen Struktur es beson-

29 Eugene Hartley, *Problems in Prejudice* [1946], New York 1969, von der Conference on Jewish Relations unterstützt.

30 Seymour Martin Lipset, *Political Man*, London 1960, 167.

31 Damit ist eine Integrationsideologie gemeint, der zufolge nicht nur die Schranken zwischen Gruppen unterschiedlicher Herkunft, sondern auch zwischen sozialen Klassen oder Schichten aufgehoben werden soll, und die zwar Freiheit im privaten, nicht aber das Ausagieren von Besonderheiten im öffentlichen Raum zuläßt. Vgl. unten, 32 und ebd., Fn. 19.

32 Vgl. zu Europa: Werner Bergmann, »Auschwitz zum Trotz. Formen und Funktionen des Antisemitismus in Europa nach 1945«, in: Christina von Braun, Eva-Maria Ziege (Hg.), *»Das bewegliche Vorurteil«. Aspekte des internationalen Antisemitismus*, Würzburg 2004, 117-142, hier: 118-123, vgl. zu den USA Charles H. Stember u. a., *Jews in the Mind of America*, New York, Boston 1966, 83 f., 121, 124 f. u. 127 f.; Carey McWilliams, *A Mask for Privilege: Anti-Semitism in America*, Boston 1948, 110.

ders empfänglich für antidemokratische Propaganda macht«.[33] Die USA hatten die Nazis und deren faschistische Verbündete gerade im Krieg besiegt. Unmittelbar nach Kriegsende, als das empirische Material erhoben wurde, konnte man in den USA nach solchen Überzeugungen kaum offen fragen. Die Aufgabe bestand darin herauszufinden, was der Mensch »›wirklich denkt‹«,[34] das heißt, die verborgenen Tendenzen aufzuspüren, in denen das Potential für demokratische oder antidemokratische Ideen und Handlungen liegt. Die Studie war »an der Hypothese orientiert, daß die politischen, wirtschaftlichen und gesellschaftlichen Überzeugungen eines Individuums häufig ein umfassendes und kohärentes, gleichsam durch eine ›Mentalität‹ [...] zusammengehaltenes Denkmuster bilden, und daß dieses Denkmuster Ausdruck verborgener Züge der individuellen Charakterstruktur ist«.[35] Die Empfänglichkeit des Individuums für faschistische Ideologien hing, so die Annahme, von tiefliegenden psychologischen Bedürfnissen ab, die mit Hilfe der Psychoanalyse zu entschlüsseln seien. Als Hauptmerkmal des autoritären Charakters wurde die Ambivalenz zwischen der Unterwerfung unter die Autoritäten und der destruktiven Rebellion gegen diese bestimmt, in der sich die verborgenen Wünsche der Individuen und deren trügerische Erfüllung spiegelten: Unter den objektiven Bedingungen der Industriegesellschaft, der ihr innewohnenden »›Kälte‹«, seien es die faschistischen Agitatoren, so Adorno schon 1943, die sich darauf verstünden, die Menschen in der Massengesellschaft direkt anzusprechen und ihnen zu suggerieren, daß sie ihr Gefühl der Entfremdung ernst nehmen.[36]

Diese Konzentration aufs Subjektive kann wie ein Widerspruch zu den Grundüberzeugungen der Kritischen Theorie wirken; und tatsächlich finden sich in *The Authoritarian Personality* kaum Spuren oder gar empirische Belege, die auf die Bedeutung der gesellschaftlichen Verhältnisse, etwa in Gestalt des sozioökonomischen Status der einzelnen, für die Formierung des autoritären Charakters hindeuten. In den »Bemerkungen« löst Adorno diesen

33 Adorno u. a., *Studien zum autoritären Charakter*, 1.

34 Ebd., 5.

35 Ebd. 1.

36 Vgl. Theodor W. Adorno, »Die psychologische Technik in Martin Luther Thomas' Rundfunkreden« [1943, unpubl.], nach dem Typoskript in Adornos Nachlaß, in dt. Übers. in: ebd., 360-483, hier: 360.

scheinbaren Widerspruch auf, indem er – in Anknüpfung an das »Kulturindustrie«-Kapitel der *Dialektik der Aufklärung* – einen Zusammenhang herstellt zwischen dem sozialpsychologisch erfaßbaren Zustand der Entfremdung und der Warenwirtschaft im gegenwärtigen Kapitalismus.[37]

Der Studie zum autoritären Charakter lag die Arbeitshypothese zugrunde, daß zwischen individueller Charakterstruktur, Vorurteil und der Rezeptionsbereitschaft für faschistische Propaganda ein Zusammenhang besteht. Ob es sich tatsächlich so verhält, sollte empirisch geprüft werden. Das Forschungsdesign war Aufgabe der beiden Direktoren, Adornos und Sanfords. Levinson war für die Methodenseite zuständig; er konzipierte zunächst drei Skalen mit entsprechenden Items: mit der A-Skala sollte Antisemitismus, mit der E-Skala Ethnozentrismus und mit der PEC-Skala politisch-ökonomischer Konservatismus gemessen werden. Aus diesen drei Skalen entstand schließlich die berühmte Faschismus-Skala (F-Skala). Technisch gesehen war auch sie Levinsons Werk, inhaltlich aber handelt es sich um ein genuines Gemeinschaftsprodukt, wie überhaupt die Studie im Ganzen eine Kombination verschiedenster Methoden und Ansätze aller Beteiligten ist. Die Messung ideologischer Trends mit dem Instrument der F-Skala wurde ergänzt durch klinische Interviews, projektive Tests, qualitative Analysen sowie Anwendungen auf Einzelfälle und Schlüsselgruppen. Alle qualitativen Analysen in *The Authoritarian Personality* stammten von Adorno.[38]

Latente Dispositionen »möglichst *indirekt*« zu ermitteln[39] war das Ziel der F-Skala. Ihre Substanz bildeten neun Variablen, die maßgeblich von Adorno erarbeitet wurden: *Konventionalismus* (starres Festhalten an tradierten Werten des Mittelstandes), *autoritäre Unterwürfigkeit* (unterwürfige, unkritische Haltung gegenüber idealisierten Autoritäten der Eigengruppe), *autoritäre Aggression* (Tendenz, nach Menschen Ausschau zu halten, die konventionelle Werte mißachten, um sie verurteilen, ablehnen und bestrafen zu können), *Anti-Intrazeption* (Abwehr des Subjektiven, Phantasievol-

37 Vgl. in diesem Sinne auch Adorno, »Wissenschaftliche Erfahrungen in Amerika«, 723 (92).

38 Vgl. Adorno, in: Adorno u. a., *The Authoritarian Personality*, 603-783 (*Studien zum autoritären Charakter*, 105-359; die deutsche Fassung enthält nicht alle Teile).

39 Vgl. Adorno u. a., *The Authoritarian Personality*, 241 (*Studien*, 62).

len, Sensiblen), *Aberglaube und Stereotypie* (Glaube an die mystische Bestimmung des eigenen Schicksals; die Disposition, in rigiden Kategorien zu denken), *Machtdenken und »Kraftmeierei«* (Denken in Dimensionen von Herrschaft–Unterwerfung, stark–schwach, Führer–Gefolgschaft, Identifikation mit Machtgestalten, Überbetonung der konventionalisierten Attribute des Ichs, übertriebene Zurschaustellung von Stärke und Robustheit), *Destruktivität und Zynismus* (allgemeine Feindseligkeit, Diffamierung des Humanen), *Projektivität* (Disposition, an wüste und gefährliche Vorgänge in der Welt zu glauben, Projektion unbewußter Triebimpulse auf die Außenwelt) und *Sexualität* (sexuelle Projektionen, übertriebene Beschäftigung mit sexuellen Vorgängen, harsche Verurteilung von Homosexualität, negativ besetzte Unterstellung erotischer Exzesse in sozial überlegenen Kreisen).[40]

Diese Variablen, so die These der Studie, konnten zu einem »Syndrom« verschmelzen und sich zu einer mehr oder minder dauerhaften Struktur im Individuum verfestigen – dem autoritären Charakter.[41] Die meisten Items der F-Skala waren bewußt projektiv angelegt; derartige Tests gehörten zum etablierten Methodenkanon der empirischen Sozialforschung. Die Forscherinnen und Forscher nahmen an, daß die Reaktionen auf die Stimuli durch Triebbedürfnisse beeinflußt wurden und somit Zugang zu tiefliegenden psychischen Tendenzen ermöglichten. In der Psychoanalyse bezeichnet der Begriff der Projektion die dem projizierenden Individuum selbst unbewußte Operation, eigene Affekte, Wünsche oder Gedanken nach außen auf Objekte oder Personen zu verschieben und »meist ›negativ‹« zu besetzen.[42] Damit gelingt es dem Subjekt, unerwünschte Gefühle, Impulse oder Bewertungen gewissermaßen loszuwerden, indem es sie anderswo – in einer anderen Person oder in einem Objekt – verortet. In diesem Sinne versteht Freud die Projektion als Abwehrmechanismus, den er prominent in seiner Abhandlung über den »Fall Schreber« beschrieb, im Kontext von Paranoia und Wahn.[43]

40 Vgl. ebd., 228 (*Studien*, 45 f.).

41 Vgl. ebd.

42 Vgl. Theodor W. Adorno u. a., »Empirische Sozialforschung« [1954], in: ders., *Gesammelte Schriften*, Bd. 9.2: *Soziologische Schriften II*, Frankfurt/M. 1975, 327-359, hier: 349.

43 Sigmund Freud, »Psychoanalytische Bemerkungen über einen autobiographisch

War der Antisemitismus zu Beginn des Forschungsprojekts zum autoritären Charakter »Angelpunkt aller Reflexionen«,[44] so verschob sich der Schwerpunkt im Verlaufe des Prozesses immer mehr in Richtung einer Untersuchung von Vorurteilen in Beziehung zu umfassenderen ideologischen und charakterologischen Konfigurationen.[45] In den »Bemerkungen« kehrte Adorno jedoch wieder zum ursprünglichen »Angelpunkt« zurück.

Auf den ersten Blick, schrieb die Sozialpsychologin Marie Jahoda (eine der vielen unsichtbaren Mitarbeiterinnen an der Studie) 1954, vermittle *The Authoritarian Personality* einen überwältigenden empirischen Eindruck, der noch dadurch verstärkt würde, daß eine konzise Formulierung des theoretischen Standpunkts fehle.[46] Jahoda hat nicht unrecht. Insgesamt 23 publizierte Teile, einige empirisch, andere anthropologisch, wieder andere sozialpsychologisch-psychoanalytisch, werden nur lose durch eine große Einleitung der vier Hauptautoren zusammengehalten, ein wirkliches Schlußkapitel fehlt, ja, eine umfassende Endredaktion, die die Beiträge miteinander in Einklang brachte, gab es nicht.

1949, also kurz bevor *The Authoritarian Personality* in den USA erschien, kehrte Adorno nach Westdeutschland zurück.[47] Das Kriegsende und der Genozid an den Juden lagen nur wenige Jahre zurück, in den Lehrveranstaltungen der Universitäten saßen junge Veteranen, in Bürokratie und Institutionen alte Nazis. Die Siegermächte dominierten den öffentlichen Diskurs und bemühten sich um Reeducation. Eben daran – an der Erziehung der Deutschen zur Demokratie – wollte sich das neugegründete Institut für Sozialforschung beteiligen. Adorno kam sowohl im soziologischen wie philosophischen Kontext immer wieder auf das Thema des

beschriebenen Fall von Paranoia (Dementia Paranoides)« [1911], in: ders., *Gesammelte Werke*, hg. von Anna Freud, Frankfurt/M. 1999, Bd. 8, 239-320.

44 Adorno u. a., *Studien zum autoritären Charakter*, 3.

45 Vgl. Adorno, in: ebd., 105.

46 Vgl. Marie Jahoda, Introduction, in: dies., Richard Christie (Hg.), *Studies in the Scope and Method of »The Authoritarian Personality«. Continuities in Social Research*, Glencoe 1954, 11-23, hier: 19.

47 Adorno ging 1952/53 vorübergehend für eine neue empirische Untersuchung noch einmal in die USA. Daraus entstand eine qualitative Inhaltsanalyse von Astrologie-Kolumnen, die von der Hacker-Foundation finanziert wurde; vgl. Adorno, »The Stars Down to Earth«, in: ders., *Gesammelte Schriften*, Bd. 9.2, 7-120.

autoritären Charakters zurück: in zwei Seminaren (WS 1959/60 und 1967/68), in seinen Vorlesungen wie »Philosophie und Soziologie« (1960), »Zur Lehre von der Geschichte und von der Freiheit« (1964/65), »Philosophische Elemente einer Theorie der Gesellschaft« (1964) und »Einleitung in die Soziologie« (1968) sowie in nichtakademischen Vorträgen und Diskussionen. Am Institut oder in dessen Arbeitszusammenhang entstand in den 1950er und 1960er Jahren zudem eine Vielzahl von Studien, die das antidemokratische Potential in der Bundesrepublik untersuchten: *Gruppenexperiment* (1955), *Reaktionen auf die antisemitische Welle im Winter 1959/1960* (1961), *Student und Politik* (1961), *Reaktionen auf Politische Vorgänge* (1967), *Autoritarismus und Politische Apathie* (1971), *Sind Arbeiter autoritär?* (1975).[48]

Adorno blieb, so formuliert es Jürgen Habermas, »dem philosophischen Impuls treu«,[49] aber dem sozialwissenschaftlichen auch, wie man wohl hinzufügen darf. Die Themen, die ihn in seiner wissenschaftlichen Arbeit in Amerika beschäftigt haben, hinterlassen Spuren noch in seinem philosophischen Spätwerk. Adorno selbst stellte eine Verbindung zu frühen Arbeiten der 1930er Jahre her: Der theoretische Kern der Arbeit über Jazz habe »in wesentlicher Beziehung zu späteren sozialpsychologischen Untersuchungen«[50] gestanden. Andere der musiksoziologischen Studien, insbesondere die »Fragmente über Wagner« (1939), enthalten bereits wesentliche Elemente der Theorie des autoritären Charakters und der Antisemitismustheorie. Habermas nannte die empirische Seite der Frankfurter Schule die Fortsetzung der Philosophie mit anderen

48 Vgl. Friedrich Pollock (Bearb.), *Gruppenexperiment. Ein Studienbericht* (= *Frankfurter Beiträge zur Soziologie 2*), Frankfurt/M. 1955; Peter Schönbach, *Reaktionen auf die antisemitische Welle im Winter 1959/1960*, Frankfurt/M. 1961; Jürgen Habermas u. a. (Hg.), *Student und Politik. Eine soziologische Untersuchung zum politischen Bewußtsein Frankfurter Studenten*, Neuwied 1961; Regina Schmidt, Egon Becker, *Reaktionen auf politische Vorgänge. Drei Meinungsstudien aus der Bundesrepublik* (= *Frankfurter Beiträge zur Soziologie 19*), Frankfurt/M. 1967; Michaela von Freyhold, *Autoritarismus und politische Apathie. Analyse einer Skala zur Ermittlung autoritätsgebundener Verhaltensweisen* (= *Frankfurter Beiträge zur Soziologie 22*), Frankfurt/M. 1971; Ursula Jaerisch, *Sind Arbeiter autoritär? Zur Methodenkritik politischer Psychologie*, Frankfurt/M. 1975.

49 Jürgen Habermas, *Der philosophische Diskurs der Moderne. Zwölf Vorlesungen*, Frankfurt/M. 1985, 145.

50 Adorno, »Wissenschaftliche Erfahrungen in Amerika«, 704 (75).

Mitteln.[51] Das trifft zu mit Blick auf Horkheimers ursprüngliche Programmatik für das Institut; allerdings hat sich diese empirische Seite mit der Zeit verselbständigt. In den USA und auch international wurde *The Authoritarian Personality* vor allem in sozialpsychologischen Fachkreisen rezipiert, für die der Denkansatz der Frankfurter Schule keine Bedeutung hatte und in denen die *Dialektik der Aufklärung* nicht zur Standardlektüre gehörte.

Angesichts der ungewöhnlichen Fähigkeit Adornos, seine Sprache – »Verbindlichkeit und Dichte« – je nach Gegenstand und Anlaß zu variieren und etwa bei pädagogischen oder politischen Vorträgen auch frei zu improvisieren, ist die Frage, mit welcher Sorte von Text wir es bei den »Bemerkungen« zu tun haben, keine nebensächliche. »Sprache, die sich verselbständigt gegenüber dem, was die wechselnden Sachen verlangen, ist kein Stil.«[52] Bei den »Bemerkungen« handelt es sich um einen sozialwissenschaftlichen Text, dessen Sprache sich dem großen Buch anpaßt und in der Adorno die fast tausendseitige Studie auf ihren gesellschaftstheoretischen Punkt bringt. Er geht *in medias res*.

51 Vgl. Jürgen Habermas, *Texte und Kontexte*, Frankfurt/M. [2]1992, 92.
52 Adorno, Vorbemerkung o. T. zu *Eingriffe*, in: ders., *Gesammelte Schriften*, Bd. 10, 457-458, hier: 457.

Bemerkungen zu *The Authoritarian Personality* von Adorno, Frenkel-Brunswik, Levinson, Sanford

A. Der Ort der Studie in der heutigen Forschung

Um Ziel und Reichweite der Studie im Verhältnis zur aktuellen Vorurteilsforschung zu verdeutlichen, sollen hier die spezifischen Unterschiede zwischen unserer Arbeit und der der anderen herausgearbeitet werden. Zum Teil ergeben diese Unterschiede sich aus äußerlichen und mehr oder weniger zufälligen Faktoren, etwa der Konstellation, aus der die Studie sich entwickelte, der Tatsache, daß die leitenden Mitarbeiter besonders an der sozialpsychologischen Dimension des Projekts interessiert waren,[1] und anderen mehr. Allerdings haben wir diese Umstände nicht naiv hingenommen. Zwar mußten wir uns mit den verfügbaren Ressourcen arrangieren, doch wollten wir bei der Festlegung unserer Aufgabenstellung die produktivste Auswertung des Materials gewährleisten, indem wir uns auf die Probleme konzentrierten, die wir für entscheidend hielten, die aber in der uns bekannten Literatur kaum diskutiert wurden. Diese Absicht führte nicht nur zu einer auf Arbeitsteilung angelegten Planung, sondern auch zu einer kritischen Auseinandersetzung mit anderen Ansätzen.

Besonders eine Studie weist sowohl im allgemeinen Ansatz als auch in den Methoden große Affinität zu unserem Projekt auf: Eugene Hartleys *Problems in Prejudice*.[2] Sein Vorhaben war uns nicht bekannt, und als wir seinen Forschungsbericht erhielten, war die abschließende Niederschrift unserer Ergebnisse bereits weit fortgeschritten. Die Übereinstimmung zwischen Hartleys und unseren Befunden zum vorurteilsgeleiteten Charakter betrachten wir als substantielle Bestätigung der zugrundeliegenden Konzepte. Doch

Die Fußnoten in eckigen Klammern stammen von der Herausgeberin, die Fußnoten Adornos sind im Original seitenweise numeriert, das heißt durchweg mit 1.

1 [Das Projekt wurde von Adorno und R. Nevitt Sanford geleitet.]

2 [Eugene Hartley, *Problems in Prejudice*, 1946, New York 1969. Hartley (geb. Eugene Leonard Horowitz, 1912-2002, seit 1942 E.L. Hartley) hatte die Studie schon in den 1930er Jahren begonnen. Sie wurde unter anderem von Robert Lynd begleitet und von der New Yorker Columbia University und der Conference on Jewish Relations unterstützt. In Deutschland wurde Hartley in den fünfziger Jahren mit der (mit Ruth E. Hartley verfaßten) Studie *Die Grundlagen der Sozialpsychologie*, Berlin 1955, bekannt.]

sind die Studien in Anlage, Methoden und theoretischen Grundlagen zu verschieden, als daß das Problem einer Duplizierung sich stellen würde.[3]

(1) Konzentration aufs Subjektive[4]

Unsere Untersuchung von Vorurteilen widmet sich subjektiven Aspekten. Es geht nicht um objektive gesellschaftliche Kräfte, etwa wirtschaftliche und historische Determinanten, die Fanatismus[5] produzieren und reproduzieren. Selbst kurzfristig wirksame Faktoren wie Propaganda werden nicht *per se* berücksichtigt, obwohl wichtige Hypothesen auf Propagandaanalysen des Instituts für Sozialforschung[6]

3 [Hartleys Studie (ein Kapitel mit Ruth E. Hartley) war in Umfang und Anlage viel begrenzter (124 Seiten). Hartley arbeitete u. a. mit dem Ansatz der differentiellen Psychologie William Sterns, der in seiner Kritik am naturwissenschaftlichen Paradigma seines Fachs der Kritik der Forschungsgruppe um Adorno und Sanford durchaus entgegenkam. Anders als Adorno et al. arbeitete Hartley mit einer modifizierten Bogardus-Skala (Social Distance Scale), die »sich auf Angaben der Befragten über ihre Gefühle anderen Bevölkerungsgruppen gegenüber ‹gründet›. Daraus läßt sich eine verschiedene sozialpsychologische Distanz zu jenen Gruppen ablesen.« Theodor W. Adorno u. a., »Empirische Sozialforschung« ‹1954›, in: Theodor W. Adorno, *Gesammelte Schriften*, hg. von Rolf Tiedemann, Bd. 9: *Soziologische Schriften II*, Frankfurt/M. 1975, 327-359, hier: 348. Vgl. unten, Fn. 8, zur Likert-Skala.]

4 [Gemeint sind Meinungen und Einstellungen: »Die empirischen Methoden, deren Attraktionskraft im Anspruch ihrer Objektivität entspringt, bevorzugen paradoxerweise, wie es ihr Ursprung in der Marktforschung erklärt, Subjektives, nämlich abgesehen von statistischen Daten des Zensustyps wie Geschlecht, Alter, Personenstand, Einkommen, Bildung und ähnlichem Meinungen, Einstellungen, allenfalls Verhaltensweisen von Subjekten.« Theodor W. Adorno, »Soziologie und empirische Forschung« ‹1957›, in: ders., *Gesammelte Schriften*, Bd. 8: *Soziologische Schriften I*, Frankfurt/M. 1972, 196-216, hier: 199.]

5 [Im Englischen wird der Begriff »bigotry« verwendet, der nicht der deutschen Bedeutung des Begriffes »bigott« entspricht. Er läßt sich mit Fanatismus, blindem Eifer, religiösen oder anderen Formen eifernder Intoleranz übersetzen. Hier wird er im folgenden als Fanatismus übersetzt.]

6 [Der unpublizierte Forschungsbericht *Studies in Antisemitism* (1944) enthielt Propagandaanalysen, die später in verschiedenen Publikationen verarbeitet wurden: Institute of Social Research, *Studies in Antisemitism. A Report on the Cooperative Project for the Study of Antisemitism for the Year Ending March 15, 1944*, jointly sponsored by the American Jewish Committee and the Institute of Social Re-

beruhen.[7] All jene Stimuli, die Vorurteile verstärken, ja das gesamte kulturelle Klima, das von Minderheitenstereotypen durchdrungen ist, werden als gegeben vorausgesetzt. Ihrer Wirkung auf unsere Versuchspersonen wird nicht nachgegangen. Wir verbleiben gewissermaßen im Bereich der Reaktionen, nicht der Reize.

Wir sind überzeugt, daß Vorurteile letztlich durch gesellschaftliche Faktoren erzeugt werden, die unvergleichlich viel schwerer wiegen als die »Psyche« irgendeines involvierten Individuums. Die Ergebnisse der Studie bestätigen diese Annahme insofern, als sie belegen, daß die Anpassung an die Werte, die durch den »objektiven Geist« der amerikanischen Gesellschaft heutzutage implizit gefördert werden, eine der Haupteigenschaften unserer Versuchspersonen mit hohen Punktwerten[8] ist. Der Risiken, die sich aus

search. August 1944. Hekt. Bericht, Archivzentrum der Universitätsbibliothek J.B. Senckenberg an der Goethe-Universität Frankfurt am Main, UBA Ffm Na 1, 669. Zu Publikationen vgl. u. a.: Theodor W. Adorno, »Die psychologische Technik in Martin Luther Thomas' Rundfunkreden« (1943, unpubl.), nach dem Typoskript in Adornos Nachlaß in deutscher Übersetzung, in: ders., *Studien zum autoritären Charakter* ‹1973›, hg. vom Institut für Sozialforschung, Frankfurt/M. [9]2016, 360-483; engl. Fassung in: ders., *Gesammelte Schriften*, Bd. 9.1, 7-141; ders., »Antisemitism and Fascist Propaganda«, in: Ernst Simmel (Hg.), *Antisemitism. A Social Disease*, New York, Boston 1946; die deutsche Übersetzung des Sammelbandes erschien zuerst 1993, ich zitiere aus der Neuauflage: Münster 2017, Adornos Text darin: 128-139 (siehe zu diesem Band auch unten, 34 u. 65); Leo Lowenthal, Norbert Guterman, *Prophets of Deceit. A Study of the Techniques of the American Agitator*, New York 1949; Theodor W. Adorno, »Freudian Theory and the Pattern of Fascist Propaganda« ‹1951›, in: ders., *Gesammelte Schriften*, Bd. 8, 408-433.]

7 Hierzu gehören Konzepte wie Pseudopersonalisierung, Ersetzung des Zwecks durch die Mittel, Anti-Intrazeption, funktionaler Wandel religiöser Vorstellungen, »Kult des Bestehenden« und viele andere.

8 [Gemeint sind die Punktwerte auf den Skalen. In *The Authoritarian Personality* wurde mit sogenannten Likert-Skalen zur Messung persönlicher Einstellungen gearbeitet. Die Skalen bestehen aus mehreren Items (einer Auswahl von Aussagen). Mittels der vorgegebenen Antwortskala werden die Befragten veranlaßt, die Intensität ihrer Zustimmung bzw. Ablehnung numerisch auszudrücken. So ergeben sich quantifizierte Daten, die meß- und vergleichbar sind. Die qualitativen Unterschiede von Meinungen, Einstellungen oder sozialen Beziehungen können in quantifizierbare umgeformt werden: »Die gewichteten individuellen Ergebnisse werden nach Art der Punktwertung im Sport summiert, die Skalenpositionen der Einzelnen oder Gruppen dann nach Höhe der jeweils erreichten Punktzahl bestimmt.« Adorno u. a., »Empirische Sozialforschung«, 348. Entsprechend ergeben sich für die Versuchspersonen hohe (»H«) bis niedrige (»N«) Punktwerte auf den

einer Studie der subjektiven Momente ergeben, sind wir uns also vollauf bewußt. Daß wir uns auf eine detaillierte Untersuchung subjektiver Muster konzentriert haben, heißt nicht, wir meinten, Vorurteile könnten auf diese Weise *erklärt* werden. Ganz im Gegenteil, wir halten die Analyse der objektiven gesellschaftlichen Kräfte, die Vorurteile erzeugen, für die dringendste Aufgabe der heutigen Forschung, die sich mit der Voreingenommenheit gegenüber Minderheiten befaßt. Daß diese Aufgabe von amerikanischen Wissenschaftlern weitgehend vernachlässig wird, liegt an ihrem »demokratischen Vorurteil«, dem zufolge man gesellschaftlich valide Befunde nur dann erzielen kann, wenn man eine riesige Anzahl von Menschen befragt, von deren Meinungen und Einstellungen die Zukunft abhänge – gerade so, wie der Erfolg einer auf dem Markt angebotenen Ware angeblich von der Mentalität des Käufers abhänge. Ein nicht unwesentliches Ergebnis unserer Studie besteht in methodologischer Hinsicht in dem Verdacht, daß diese Annahme so nicht mehr zutrifft. Unsere Versuchspersonen mit hohen Punktzahlen auf den Skalen scheinen nicht wie autonome Instanzen zu agieren, deren Entscheidungen für ihr eigenes Schicksal und das der Gesellschaft von Gewicht sind, sondern eher wie submissive Reaktionszentren, die dem konventionellen Verständnis dessen zu entsprechen suchen, »was sich gehört«, die die vermeintliche »Welle der Zukunft« reiten. Diese Beobachtung scheint mit der ökonomischen Tendenz zum allmählichen Verschwinden des freien Markts und der Angleichung des Menschen an die allmählich entstehende neue Ordnung sich zu decken. Untersuchungen, die sich auf die konventionellen Methoden der Meinungsforschung verlassen, könnten leicht an den Punkt geraten, an dem die orthodoxe Vorstellung von dem, was Menschen fühlen, wollen und tun, sich als obsolet erweist.

Ökonomische Fragen werden in unserer Studie, wenn überhaupt, nur auf der ideologischen Ebene berücksichtigt. Wir registrieren die expliziten Ansichten unserer Versuchspersonen zu konkreten wirtschaftlichen Fragen, darunter so entscheidenden wie der freien Marktwirtschaft, der staatlichen Kontrolle und der Arbei-

Skalen von den Endpolen n = stimme überhaupt nicht zu bis h = stimme voll und ganz zu. In *The Authoritarian Personality* wurden vier Skalen konstruiert: Anti-Semitism Scale (kurz: A-S-Skala), Ethnocentrism Scale (E-Skala), Politico-Economic Conservatism Scale (PEC-Skala), Fascism Scale (F-Skala).]

terbewegung, und interpretieren sie auch zum Teil. Doch erlauben die auf Grundlage dieses Materials gezogenen Folgerungen keine zuverlässigen Rückschlüsse auf die wirklich wirksamen wirtschaftlichen Kräfte, die Vorurteile heutzutage befördern. Sie betreffen eher die Denkmuster als die tatsächliche Wirkung, die die großen ökonomischen Gesetzmäßigkeiten und Trends auf die Dynamik der Vorurteile und ihrer politischen Ausdrucksformen haben mögen.

Unsere Haltung zum ökonomischen Determinismus haben wir im ersten Abschnitt dargelegt; dazu folgen weiter unten einige zusätzliche Bemerkungen. Hier soll es zunächst in knappen Worten um den Mangel an historischer Perspektive gehen, den man unsrer Studie vorwerfen könnte. Er ergibt sich nicht nur aus der spezifischen Situation in Amerika, die im Gegensatz zu Europa nicht von einer uralten Tradition des Antisemitismus belastet wird. Noch andere, weniger oberflächliche Überlegungen sind im Spiel. Die zeitgenössische antisemitische Literatur kommt zwar selten ohne die Vorstellung vom »ewigen Juden« aus, doch muß bezweifelt werden, daß der moderne Antisemitismus im engeren Sinne des Wortes ein »historisches« Phänomen, daß er also aus einer spezifischen antisemitischen Tradition hervorgegangen ist. Seine historischen Wurzeln liegen vielmehr im allgemeinen Trend zur stetig wachsenden »Integration« des Individuums in die gesellschaftliche Totalität und, damit zusammenhängend, darin, daß die Zivilisation ihren vermeintlichen Nutznießern immer mehr Opfer abverlangt. Zwischen den älteren Formen des Antisemitismus und seiner gegenwärtigen totalitären Ausprägung herrscht keine ungebrochene historische Kontinuität.[9] Das Unechte am Antisemitismus, auf das

9 [Der Begriff »totalitärer Antisemitismus« wurde 1943 eingeführt von Maurice Samuel, *The Great Hatred*, New York 1940, London 1943, nach dieser Ausgabe wird zitiert (dt.: *Das Netz des Bösen*, Zürich 1949). Samuel verstand unter totalitärem Antisemitismus einen Antisemitismus, der auf die totale Vernichtung der Juden zielt. Vgl. ebd., 116. In der *Dialektik der Aufklärung* kam dieser Ausdruck noch nicht vor, wohl aber der Begriff des Totalitären. Dieser ist nicht mit dem seit Anfang der fünfziger Jahre in Umlauf kommenden Begriff des Totalitarismus zu verwechseln, wie ihn etwa Hannah Arendt gebraucht in *The Origins of Totalitarianism*, New York 1951 (dt.: *Elemente und Ursprünge totaler Herrschaft*, Frankfurt/M. 1955). Vor 1950 wurde »Totalitarismus« noch unscharf und, von Ausnahmen wie Franz Borkenau abgesehen, noch nicht als generischer Oberbegriff für Nationalsozialismus *und* Bolschewismus verwendet. Noch fehlte eine fundierte Theorie totalitärer Herrschaft.]

wiederholt hingewiesen worden ist (siehe Sartre[10]), die vielen Hinweise, daß sogar unsere Versuchspersonen mit hohen Punktwerten nur selten selbst ganz und gar an ihn glauben, legen die Annahme nahe, daß der moderne Antisemitismus in erheblichem Maße sich auf eine künstliche Pseudotradition stützt, die von seinen führenden Vertretern willkürlich geweckt werden kann und der ihr Fußvolk blindlings folgt. So irrational er auch sein mochte, so deckte der Antisemitismus der Vergangenheit sich doch zumindest mit bestimmten, wenn auch abwegigen gesellschaftlichen Grundvorstellungen, allen voran dem christlichen Glauben an den Teufel. Diese historische Grundlage ist in der Neuzeit durch die Aufklärung völlig aufgelöst worden. Soweit es die konkrete historische Motivation betrifft, belegt Joshua Trachtenbergs außergewöhnlich wertvolle Studie *The Devil and the Jews* eindringlich, daß die mittelalterlichen und zeitgenössischen Formen der Judenverfolgung vollkommen verschieden sind.[11] Ihre Wurzel ist auf eine quasi ahistorische, invariable Weise zwar letztlich die gleiche: gesellschaftliche Repression und die daraus entstehenden sadistischen Impulse. Doch wenn es um den Inhalt der antijüdischen Ideologie und die primären Reaktionsmuster geht, besteht zwischen ihnen keine echte Kontinuität. In einer Welt, die des Teufels sich vollends entledigt hat, läßt sich kein unmittelbarer Zusammenhang zwischen dem religiösen Bann gegen die Juden und der heutigen, administrativ geplanten Liquidierung »minderwertiger Rassen« herstellen. Vielmehr werden die Spuren alter und mitunter halb vergessener Vorurteile und Ste-

10 [Horkheimer und Adorno hatten bereits selbst darauf hingewiesen, etwa in These V der »Elemente des Antisemitismus«: »Der Führer mit dem Schmierengesicht und dem Charisma der andrehbaren Hysterie führt den Reigen.« Max Horkheimer, Theodor W. Adorno, *Dialektik der Aufklärung. Philosophische Fragmente* ‹1947›, in: Max Horkheimer, *Gesammelte Schriften*, hg. von Alfred Schmidt u. Gunzelin Schmid Noerr, Bd. 5: »Dialektik der Aufklärung« *und Schriften 1940-1950*, hg. von Gunzelin Schmid Noerr, Frankfurt/M. 1987, 11-290, hier: 214. 1946 erschien der erste Teil der Überlegungen zur Judenfrage von Sartre in den USA: Jean-Paul Sartre, »Portrait of the antisemite«, in: *Partisan Review* 13 (1946), 163-178, vollständige Ausgabe: *Réflexions sur la question juive*, Paris 1946 (dt.: *Überlegungen zur Judenfrage*, Reinbek b. Hamburg 1994).]

11 [Trachtenberg war ein bekannter Rabbiner, der sich für den US-amerikanischen Gewerkschaftszionismus einsetzte. Joshua Trachtenberg, *The Devil and the Jews. The Medieval Conception of the Jew and its Relation to Modern Antisemitism* ‹1943›, Philadelphia 2014.]

reotypen durch den ungeminderten gesellschaftlichen Druck neu mobilisiert. Dennoch sind diese Spuren mit dem heutigen Stand gesellschaftlicher Rationalität unvereinbar. Die moderne antisemitische Ideologie ist das Gegenmittel für die Leiden, die die rationale Zivilisation erzeugt, und nicht unmittelbarer Ausdruck dieser Zivilisation selbst oder der Art von Irrationalität, deren die Antisemiten sich rühmen. Dieser Widerspruch schwächt ihre Gewalttätigkeit nicht, sondern steigert sie noch. Die, die nicht an ihre eigene Sache glauben können, die Adepten der Technologie, die aus dem Speicher ihres geistigen Haushalts mit dämonologischen Vorstellungen sich selbst versorgen, suchen sich die Wahrheit ihres Evangeliums durch die Realität und die Unumkehrbarkeit ihrer Handlungen stets aufs neue zu beweisen.

Eine ernstzunehmende historische Analyse des modernen Antisemitismus darf sich nicht auf seine Eigengeschichte, die »Verfolgung der Juden von ihren Uranfängen«, beschränken.[12] Es wäre das Element des »Fake« im gegenwärtigen Antisemitismus zu analysieren – ein Element, das auch früheren Formen eigen gewesen sein mag, doch kann eine solche Tradition in einem Land, in dem die historische Erinnerung kaum über die Anfänge der kapitalistischen Ära hinausreicht, schwerlich wirklich wirksam werden. Die wesentliche objektive Erscheinungsform des heutigen Antisemitismus ist spontanen Impulsen der Bevölkerung unmöglich zuzuschreiben. Es handelt sich um eine genau durchdachte, rational fabrizierte Doktrin, von oben befördert, die sich machtvolle sozialpsychologische Dispositionen in den Massen zunutze macht. Die Differenz zwischen dem modernen Antisemitismus und anonymen historischen Trends ist gerade dieser Rationalismus im Irrationalismus. In *Rehearsal for Destruction*, einer Untersuchung zum Antisemitismus der vorhitlerschen Bismarck-Ära, hat Paul Massing dies herausgearbeitet:[13] Die antisemitischen »Bewegungen«, auf die die

12 [Anspielung auf Heinrich Graetz, *Geschichte der Juden von den ältesten Zeiten bis auf die Gegenwart* ‹1853-1878›, 11 Bde., Berlin 1996. Graetz begründete die Nationalgeschichte der Juden; leitend in seiner Darstellung war das »geknechtete Juda«. Im Berliner Antisemitismusstreit wurde er zu einem der Hauptangriffsziele des Historikers Heinrich von Treitschke, ja, Treitschkes Graetz-Lektüre gilt als Initialzündung für dessen Antisemitismus.]

13 [Vgl. Paul Massing, *Rehearsal for Destruction. A Study of Political Anti-Semitism in Imperial Germany*, New York 1949 (dt.: *Vorgeschichte des politischen Antise-*

Nazis zum Erweis ihrer »grass roots« sich beriefen, wurden von den Herrschenden im Kaiserreich je nach dem Tagesbedarf ihrer inneren Machtpolitik beliebig an- und abgeschaltet.[14] Die Geschichte des Antisemitismus ist nicht seine »eigene« Geschichte«, sondern die Politik- und Sozialgeschichte der Welt, in der er eine destruktive Funktion erfüllt.

(2) Keine Erhebung zu Vorurteilen

Die Studie ist keine quantitative Erhebung antisemitischer oder solcher Einstellungen, die von anderen Vorurteilen geleitet werden. Aber ihre Ergebnisse erlauben gewisse auf derartige Einstellungen bezogene Verallgemeinerungen. Insgesamt kann der Zweck unserer Arbeit so zusammengefaßt werden: Wir wollten den – in vielen Beziehungen für unsere Zeit charakteristischen – Typus des Individuums erforschen, dessen allgemeine psychologische Disposition ihn zu einem potentiellen Anhänger totalitärer Bewegungen und fanatischer Ideologien macht.[15] Andererseits haben wir uns für jenen Typus interessiert, von dem eine Bereitschaft zu aktivem Widerstand gegen solche Bewegungen erwartet werden könnte. Der Brennpunkt unserer Untersuchung lag in der Unterscheidung zwischen Versuchspersonen mit hohen (»H«) und niedrigen (»N«) Punktwerten auf den Skalen. Ob sie tatsächlich Vorurteile hatten, war für uns von sekundärer Bedeutung, obwohl wir die Mentalität der »H« und »N« ursprünglich in dieser Weise definierten. Der Zusammenhang zwischen diesen Bezugsgrößen läßt sich vielleicht am besten an der These zeigen, daß fast alle vorurteilsgeleiteten Versuchspersonen zu den »H« zählen, während es »H« gibt, die aus dem einen oder andern Grund nicht offensichtlich vorurteilsgeleitet (oder zumindest nicht antisemitisch), aber für faschistische

mitismus, Frankfurt/M. 1959). Diese Studie war der zweite Band in der Reihe *Studies in Prejudice*.]

14 [Adorno und Horkheimer fügten der deutsche Ausgabe des Buchs ein Vorwort bei, jetzt in: Theodor W. Adorno, *Gesammelte Schriften*, Bd. 20.2: *Vermischte Schriften*, Frankfurt/M. 1986, 650-653. Dort wiederholten sie diese Formulierung fast wörtlich.]

15 [Der Begriff »Ideologie« wird in der Einleitung zu *The Authoritarian Personality* definiert. Vgl. *Studien zum autoritären Charakter*, 2f. u. 6f.]

Propaganda wahrscheinlich anfällig sind, würde eine totalitäre Bewegung an Zulauf gewinnen. Fragte man danach, wie die Befragten in das herrschende kulturelle Klima paßten, so stellten wir fest, daß die »H« stärker mit ihm konform gehen und – jedenfalls oberflächlich – besser angepaßt schienen als die »N«. Das scheint darauf hinzudeuten, jedenfalls gemessen am Status quo, daß sie für die heutige historische Lage auch charakteristischer sind.

Schon diese wenigen Bemerkungen zeigen, daß die Ergebnisse unserer Studie sich von Meinungsumfragen zum Antisemitismus, wie sie das *Fortune Magazine* oder das Gallup-Institut betreiben, aufs deutlichste unterscheiden.[16] Auch hier deckten die unfreiwilligen Beschränkungen,[17] denen wir unterlagen, sich mit unseren bewußten Intentionen. Zum Teil war es wegen der Komplexität unseres wichtigsten Forschungsinstruments unmöglich, eine ausgewogene, wirklich repräsentative Stichprobe zu untersuchen. Doch muß selbst die eigenartige Zusammensetzung des Samples auf unser leitendes Interesse zurückgeführt werden. Wir entschieden uns deshalb für »Schlüsselgruppen« und nicht für den Durchschnitt, weil letzterer kaum eine entscheidende Rolle spielen dürfte, wenn es um die Frage geht, ob der Faschismus im Land an die Macht kommt. Abgesehen davon konnten Meinungsumfragen unseren Absichten offensichtlich nicht gerecht werden. Empfänglichkeiten, also potentielle Einstellungen, können nicht behandelt werden, als wären sie klar umrissene, drastische Stellungnahmen. Fragt man jemanden, ob er für Roosevelt oder Dewey[18] stimmen wird, kann

16 [Das *Fortune* Magazine, das es seit 1930 gab und für das später der berühmte Meinungsforscher Elmo Roper arbeitete, und das 1935 gegründete American Institute of Public Opinion des Statistikers G. Horace Gallup hatten die Methoden repräsentativer Umfragen erheblich verfeinert. Die US-Meinungsforschung hatte sich damit wesentlich in den 1930er Jahren erneuert. Insbesondere durch Roper, der die Wahlsiege Roosevelts 1936 und 1940 fast punktgenau vorhersagen konnte, erlangten Meinungsumfragen hohe Publikumswirksamkeit.]

17 [In der Forschungsarbeit waren in der Tat die ökonomischen Mittel zunächst begrenzt. Aus diesen Gründen hatte die Forschungsgruppe mit College-Studenten begonnen: »‹S›ie standen ‹…› für die Befragung zur Verfügung; sie waren zur Mitarbeit bereit und ohne besondere Schwierigkeiten für einen Wiederholungstest erreichbar.« Adorno u. a., *Studien zum autoritären Charakter*, 25. Nach Aufstockung der Mittel wurde eine erweiterte Stichprobe gezogen, vgl. ebd. 30.]

18 [Bei der Wahl zum 40. Präsidenten der USA setzte sich 1944 der amtierende Präsident F. D. Roosevelt gegen den Republikaner Thomas E. Dewey durch.]

man – mit einigen Abweichungen – annehmen, daß die Antwort dem entspricht, was der Befragte wirklich tun will. Wenn wir dieselbe Person jedoch fragen, ob sie antisemitisch sei, können wir kaum von der Verläßlichkeit der Antwort ausgehen. Es mag verschiedene Auffassungen von dem geben, was mit dem Begriff »Antisemitismus« gemeint ist, oder die offizielle amerikanische Ideologie[19] kann sie daran hindern, Vorurteile zum Ausdruck zu bringen, wenn man direkt danach fragt, selbst wenn in dieser Sache vielleicht starke Gefühle vorhanden sind. Abgesehen davon kann das Vorurteil vor- oder sogar unbewußt sein. Wenn es um die Empfänglichkeit für Vorurteile geht, gelten diese Einschränkungen ebenso, wenn nicht sogar in noch größerem Maße. Man muß kaum betonen, daß man auf Fragen wie »Würden Sie sich einer faschistischen Bewegung anschließen, wenn Sie sicher sein könnten, daß sie mächtige Unterstützer und eine starke Basis hätte?« keine verläßlichen Angaben erwarten kann. Alle Aspekte von Vorurteilen gegenüber Minderheiten sind so affektgeladen, so eng mit irrationalen Wünschen und Mechanismen verbunden, daß ein rationaler Erklärungsansatz notwendig oberflächlich und trügerisch bliebe. Das Problem der »hoch« eingestuften Charakterstruktur ließe sich nicht lösen, wenn die Untersuchung auf der Ebene von Meinungen verbliebe, auch wenn die Ergebnisse dann vielleicht erheblich handfester und quantifizierbarer erscheinen würden. Wir sind nie davon ausgegangen,

19 [Die »offizielle amerikanische Ideologie«: Gemeint ist der »Amerikanismus«, mit dem Diktum Woodrow Wilsons beschrieben: »Amerika besteht nicht aus Gruppen. Ein Mensch, der sich in Amerika als Mitglied einer bestimmten nationalen Gruppe betrachtet, ist noch kein Amerikaner geworden.« Amerikanismus als US-Nationalideologie sollte nicht nur die Schranken zwischen nationalen oder ethnischen, sondern auch die zwischen sozialen Klassen oder Schichten aufheben. So argumentierten auch Rechtspopulisten, z. B. der antisemitische Agitator Gerald L. K. Smith (1898-1976), der 1944 die Partei *America First* gründete und damit den gegen die Politik Roosevelts gerichteten isolationistischen Slogan einer Bewegung appropriierte. Antisemitismus galt als undemokratisch und unamerikanisch.
Die Studie des IfS über Antisemitismus in der amerikanischen Arbeiterschaft thematisierte den Amerikanismus mehrfach, vgl.: Institute of Social Research, *Antisemitism among American Labor. Report on a Research Project conducted by the Institute of Social Research* (Columbia University) in 1944-1945, May 1945. 4 hekt. Bde., 1449 S., Archivzentrum der Universitätsbibliothek J.B. Senckenberg an der Goethe-Universität Frankfurt am Main, UBA Ffm Na 1, 678; siehe bes.: 1-23, 763-766 u. 796-799.]

daß die große Menge an Meinungsmaterial, die wir im Laufe unseres Projekts zusammengetragen haben, sich selbst genügen würde, sondern haben dieses Material stets im Rahmen unseres allgemeinen Ansatzes ausgewertet. Die »dynamischen« Fragen ergaben sich häufig aus den Meinungsdaten. Das, was wir möglicherweise an Klarheit mit Blick auf Probleme wie »Welcher Prozentsatz der amerikanischen Mittelschicht ist antisemitisch?« einbüßten, haben wir bei den Antworten auf die Frage »Welcher Typus oder welche Typen, in quantitativ relevanter Hinsicht, können – mit einer belastbaren Generalisierung – als potentielle Anhänger der Faschisten betrachtet werden?« gewonnen. Uns ging es nicht um eine oberflächliche Klassifikation, sondern um begrenztere, jedoch aussagekräftigere Verallgemeinerungen die wesentlichen Züge des »faschistischen Charakters« betreffend. Dabei sollte erwähnt werden, daß die von uns eingangs vermutete Unterscheidung zwischen »H« und »N« gerade in Bereichen der politischen und ökonomischen Ideologie relativiert werden mußte, weil sie als oberflächliche Dichotomie sich erwies. Sie mußte der Konstruktion eines umfassenden Musters der charakteristischen amerikanischen Mentalität der Gegenwart weichen, die – durch das generelle kulturelle Klima Amerikas – von »hohen« Elementen geprägt ist, die aber nicht unter die Kategorien von »hoch« und »niedrig« fallen, wie sie in unserer Studie definiert sind. Gerade diese Erkenntnis sollten unsrer Meinung nach die Organisationen besonders ernst nehmen, die die Verteidigung der amerikanischen Demokratie zu ihrer Sache gemacht haben.[20]

(3) Verhältnis zur Psychoanalyse

Das fundamentale Problem, ob und in welchem Maße Vorurteile mit den Methoden der Psychologie im allgemeinen und der Tiefenpsychologie im besonderen analysiert werden können, wird weiter

20 [Diese Bemerkung Adornos bezieht sich vor allem auf das American Jewish Committee, in dessen Auftrag die Forschungsgruppen um *The Authoritarian Personality* arbeiteten und die anderen Studien der Reihe *Studies in Prejudice* entstanden. Zur »Verteidigung der Demokratie« und zum Zusammenhang zur Vorurteilsforschung siehe die Schlußbemerkungen Adornos zur qualitativen Auswertung des Interviewmaterials zum Themenkomplex des Vorurteils, in: *Studien zum autoritären Charakter*, 172 f.]

unten systematisch diskutiert. Doch sollte an dieser Stelle die Beziehung unserer Forschung zu anderen psychoanalytischen Untersuchungen in diesem Feld erwähnt werden (Fenichel, Simmel und vielen anderen[21]), die unsere Methode maßgeblich beeinflußt haben. Unsere gesamte Studie, auch wenn ihr Gegenstand in den Bereich der Sozialpsychologie fällt, steht in vollem Einklang mit der Psychoanalyse in ihrer eher orthodoxen freudianischen Variante. Unsre Gruppe hat sich aus theoretischen Gründen gegen Versuche gewandt, die Psychoanalyse durch die Aufweichung ihrer Grundkonzepte, also des Unbewußten, der frühkindlichen Sexualität, der psychologischen Dynamik der Monade usw., durch die Suche nach Umweltfaktoren, die auf der Ebene nicht des Unbewußten, sondern des Ichs zu verorten wären, zu »soziologisieren«.[22] Wenn es angesichts der Komplexität unserer Studie unvermeidlich ist, daß solche psychologischen Umweltfaktoren eine wichtige Rolle spielen, so werden Antworten auf der Ebene äußerer »Einflüsse« doch nirgends als letztgültige Erklärungen von Charaktereigenschaften bewertet; sie sind bloß Etappen auf der Suche nach diesen und

21 [Unter den »vielen anderen« war Erich Fromm (1900-1980) mit einer eigenen Studie des IfS in Frankfurt Anfang der 1930er Jahre. Hier hatte Fromm Antworten auf Fragebögen, in denen antisemitische Meinungen manifest wurden (ohne daß nach ihnen gefragt worden war), als Ausdruck eines rebellisch-autoritären Charaktertypus klassifiziert. In der Studie des IfS über Autorität und Familie aus dem Jahr 1936 griff er dies in seinem sozialpsychologischen Beitrag auf, der den Begriff vom autoritären Charaktertypus psychoanalytisch entfaltete. Vgl. Erich Fromm, *Arbeiter und Angestellte am Vorabend des Dritten Reiches. Eine sozialpsychologische Untersuchung*, bearb. u. hg. v. Wolfgang Bonß, München 1980, 249-253; ders., in: Max Horkheimer u. a., *Studien über Autorität und Familie. Forschungsberichte aus dem Institut für Sozialforschung*, Paris 1936, Lüneburg [2]1987, 77-135, hier 121.
Vgl. Simmel (Hg.), *Antisemitism*. Der Band dokumentiert die Tagung vom Juni 1944 der San Francisco Psychoanalytic Society des Psychoanalytikers Ernst Simmel, bei der sich die Kontakte zwischen dem Institut für Sozialforschung und der Berkeley Public Opinion Study Group vertieften. Auch der Psychoanalytiker Otto Fenichel nahm daran teil und war mit einem Text über die »Elemente einer psychoanalytischen Theorie des Antisemitismus« an Simmels Band beteiligt, ebd., 32-41. 1940 hatte er eine der ersten Pionierarbeiten zum Thema publiziert: »Psychoanalysis of Antisemitism«, in: *American Imago* 1 (1940), 24-39.]

22 Vgl. Theodor W. Adorno, »Social Science and Sociological Tendencies in Psychoanalysis«, Vortrag beim halbjährlichen Treffen der San Francisco Psychoanalytical Society, April 1946. [dt.: »Die revidierte Psychoanalyse«, in: *Psyche* 6:1 (1952); u. a. wiederabgedruckt in: ders., *Gesammelte Schriften*, Bd. 8, 20-41.]

bedürfen der gründlicheren psychoanalytischen Interpretation. Wo immer wir in den Grenzen der konventionelleren Sozialpsychologie verbleiben, hat dies nichts mit »revisionistischen« Vorbehalten zu tun, sondern mit den unvermeidbaren methodologischen Beschränkungen unserer Studie. Wir nehmen die Psychoanalyse zu ernst, als daß wir im Rahmen einer Untersuchung mit ihr herumspielen würden, in der wir nur einige wenige Einzelinterviews den Fällen widmen können, die zur genaueren Betrachtung ausgewählt wurden. So aussagekräftig das in diesen Interviews erhobene Datenmaterial auch sein mag, wir können unmöglich für uns in Anspruch nehmen, die Versuchspersonen tatsächlich analysiert zu haben. In dieser Hinsicht wird die von der Forschungsabteilung des American Jewish Committee durchgeführte Kollektivstudie psychoanalytischer Fälle von größtem Zusatzwert sein.[23]

Immerhin, unser leitendes soziologisches Interesse, auch wenn es sich nicht unmittelbar auf unsere Haltung in psychologischen Fragen auswirkt, hindert uns zumindest daran, uns als Psychologen naiv zu verhalten. Konzepte wie das des »vorurteilsgeleiteten« oder des »faschistischen Charakters« sind nur sinnvoll, wenn wir sicher sein können, daß sie quantitativ relevant sind und der Zusammenhang zwischen gewissen hochspezifischen Einstellungen und allgemeinen Charaktereigenschaften – dem Hauptgegenstand unserer Forschung – mit ziemlicher Regelmäßigkeit sich beobachten läßt. Wir müssen die gesellschaftliche Dimension unseres Problems zumindest insoweit berücksichtigen, als gezeigt werden kann, daß unsere psychologischen Kategorien und Befunde gesellschaftlich relevant, das heißt quantifizierbar sind; unser Konzept des faschistischen Charakters kann nur dann produktiv werden, wenn es uns zu beweisen gelingt, daß es sich tatsächlich um einen »Typus« handelt, daß die Eigenschaften, Einstellungen und Meinungen, die wir als zutiefst miteinander verknüpft betrachten, dieser Notwendigkeit auch tatsächlich gehorchen. Der einzige Beleg ist die regelmäßige Verknüpfung dieser Eigenschaften in unseren Stichproben. Deshalb soll in den klinischen Teilen der Interviews die Einstufung der Punktwerte auf den Skalen die statistische Reliabilität in den Bereichen der Untersuchung herstellen, die dem psychologischen Zentrum des Individuums am nächsten kommen.

23 [Vgl. Nathan Ackerman, Marie Jahoda, *Anti-Semitism and Emotional Disorder. A Psychoanalytic Interpretation*, New York 1950.]

Die Beziehung unsrer Arbeit zu psychoanalytischen Verfahren ist entsprechend zu verstehen. Diejenigen unserer leitenden Hypothesen, die wirklich psychologisch sind, das heißt die, die der F-Skala zugrunde liegen, die projektiven Items des Fragebogens und die Interviews,[24] gehören zweifellos zur Psychoanalyse. Die Methode, der sie unterworfen wurden, gehört allerdings in den Bereich der sozialwissenschaftlichen Forschung. Unsere Studie könnte damit als erster vorläufiger Versuch bezeichnet werden, tiefenpsychologische Beobachtungen und statistische Generalisierungen in Einklang zu bringen. Das Ziel einer solchen Integration wäre ein zweifaches. Einerseits würde sie die Psychoanalyse von dem – wie wir finden – ungerechtfertigten Vorwurf vorschneller Verallgemeinerung, des »jumping to conclusions«, befreien; andererseits würden unstrittige quantitative Methoden auf Probleme angewandt, die weder Trivialitäten noch irgend etwas zwischen wahrer psychologischer Einsicht und populärer Vorstellung sind, sondern Kategorien, die generell jenseits der Verifikation im Sinne von produktiver wissenschaftlicher Reliabilität zu liegen scheinen.

24 Freilich ist auch der TAT [Thematic Apperception Test] ein rein psychologisches Instrument. Da er sich eher auf die assoziativen als die rationalen Reaktionen der Versuchspersonen bezieht, dringt er noch tiefer ins Unbewußte vor als die klinischen und genetischen Teile der Interviews. Doch konnten wir ihn wegen der Besonderheiten der Methode Murrays anwenden, ohne (wie im Fall der Fragebögen) explizite Hypothesen formulieren zu müssen. Freilich waren unsere klaren Annahmen über das Verhältnis des TAT zu den übrigen Instrumenten fest umrissen.
[Der *Thematic Apperception Test* war ein von dem US-Psychologen Henry Murray entwickeltes Verfahren zur Analyse von Gefühlen und sozialen Einstellungen, die durch die Betrachtung von Bildmaterial ausgelöst werden sollen. Vgl. Henry A. Murray, *Thematic Apperception Test*, Cambridge 1943. In *The Authoritarian Personality* wurde eine leicht modifizierte Variante eingesetzt. Eine der Mitautorinnen der Studie machte anschließend ein vielbenutztes Handbuch für Anwendungsmethoden daraus: Betty Aron, *A Manual for Analysis of the Thematic Apperception Test. A Method and Technique for Personality Research*, Berkeley 1949; vgl. Aron, »The Thematic Apperception Test in the Study of Prejudiced and Unprejudiced Individuals«, in: Theodor W. Adorno u. a., *The Authoritarian Personality*, New York 1950, 489-544.]

(4) Keine »Gemeindestudien«,[25] keine »Aktionsforschung«[26]

In seinem Aufsatz »Methodological Errors in the Study of Antisemitism« erklärte Shlomo Bergman, daß es – logisch betrachtet –

> keinen Grund für die Annahme gibt, daß jemand, der Juden körperlich angreift, antisemitischer wäre als der, der bloß an der Ecke herumsteht und hetzt: Er ist lediglich gewalttätiger. Auch die Katastrophe, die auf eine antijüdische Handlung folgt, spiegelt in keiner Weise die Intensität des Antisemitismus wider, die sie antreibt. Das Niederbrennen einer Synagoge ist wohl ungleich tragischer als das Verbreiten eines Pamphlets, aber das beweist nicht, daß der Brandstifter antisemitischer ist. Es ist ebenso möglich, daß die Tat aus der Hysterie eines Mobs oder einer günstigen Gelegenheit entsteht. Trotzdem wird in aktuellen Auseinandersetzungen mit dem Thema der Grad von Gewalt und Katastrophe mit dem Grad an Antisemitismus oft einfach gleichgesetzt. Wir müssen uns an den Gedanken gewöhnen, daß nicht jede Handlung, unter der Juden leiden, zwangsläufig und automatisch antisemitisch ist.[27]

Diese kritischen Bemerkungen sollten unbedingt beachtet werden. Wir müssen nicht nur einen Kurzschluß von Theorie und Praxis vermeiden, der uns leicht dazu führen könnte, Symptome zu bekämpfen und Wesentliches zu vernachlässigen; auch die Kopplung

25 [Zur Rolle der Gemeindestudien in der Soziologie, für die Adorno häufiger beispielhaft Robert Lynds berühmte Studie *Middletown* zitierte, vgl.: »Gemeindestudien«, in: Institut für Sozialforschung (Hg.), *Soziologische Exkurse*, Frankfurt/M. 1956, 133-150. Das IfS führte in den Jahren 1952 bis 1954 selbst eine Gemeindestudie in Darmstadt durch.]

26 [Der Begriff der Aktionsforschung wurde von dem Gestaltpsychologen Kurt Lewin programmatisch entwickelt, vgl. Kurt Lewin, »Action Research and Minority Problems«, in: *Journal of Social Issues* 2:4 (1946), 34-36. Dabei ging es um soziale Interventionen im Feld, die Teil der Forschung werden. Leo Löwenthal hatte auch die IfS-Studie *Antisemitism among American Labor* als Aktionsforschung eingestuft. Vgl. Leo Löwenthal, in: *Stenographic Report to the National Executive Committee of the Jewish Labor Committee on the Susceptibility of American Labor to Antisemitic Propaganda, presented by the Institute of Social Research on March 10, 1945 at Hotel Pennsylvania, New York City*, 122 S., Robert F. Wagner Labor Archives, Tamiment Library, New York: Series I: Administrative and Organizational Records, Subseries 3: Correspondence, Box 9, Folder 13: Institute of Social Research, Columbia University, 1944-1947, S. 13.]

27 [Shlomo Bergman, »Some Methodological Errors in the Study of Antisemitism«, in:] *Jewish Social Studies* 5:1 (1943), 43-60.

zwischen antisemitischen Beifallsbekundungen und dem Problem der Verfolgung, wie es das extreme Beispiel Hitlerdeutschlands nahelegt, ist mehr als fragwürdig. Es gab keinen unmittelbaren Zusammenhang zwischen den spontanen antijüdischen Ausschreitungen und der Vernichtungspolitik der Nazis. Die spontanen antijüdischen Aktionen im Dritten Reich wurden ausnahmslos manipuliert, angestellt und abgestellt. Gegenden, in denen der Antisemitismus traditionell stark war wie etwa Oberhessen, taten sich in dieser Hinsicht unter Hitler nie besonders hervor; Franken dagegen, wo es keine derartige Tradition gab, wurde wegen ein paar außergewöhnlich gewalttätigen Führern notorisch. Gregor Strasser,[28] der effizienteste Organisator der Nazipartei, erklärte kurz vor der Machtergreifung, die Zeit des *Radauantisemitismus*[29] sei vorbei – eine Äußerung, die viele Juden eigenartigerweise beruhigte. Unter der totalitären Herrschaft ist Antisemitismus nicht mehr Sache primärer Feindschaft von seiten des Volks oder wahrhaft spontaner Handlungen. Er ist eine administrative Maßnahme, die sich die herrschenden Vorurteile und, noch mehr, psycholo-

28 [Der Nationalsozialist Gregor Strasser (1892-1934) war als Reichspropagandaleiter und seit 1928 Reichsorganisationsleiter nach Hitler *de facto* der zweitwichtigste Mann in der noch relativ jungen Partei. In den internen Machtkämpfen wurde er 1932 entmachtet und 1934 im Rahmen der inneren Säuberungen des »Röhm-Putsches« ermordet. Strasser sagte in einer Rundfunkrede am 14. Juni 1932 programmatisch: »Wir wollen keine Judenverfolgung, aber wir fordern eine deutsche Führung ohne jüdischen und fremden Geist, ohne jüdische Hintermänner und jüdische Kapitalinteressen, denen heute nahezu die gesamte Parteiwelt erlegen ist.« Die Rede wurde im *Völkischen Beobachter* vom 16. Juni 1932 nachgedruckt. Gregor Strasser, *Kampf um Deutschland. Reden und Aufsätze eines Nationalsozialisten*, München 1932, 384. Vgl. Wolfram Meyer zu Uptrup, *Kampf gegen die »jüdische Weltverschwörung«. Propaganda und Antisemitismus der Nationalsozialisten 1919-1945*, Berlin 2003, 113 f. Meyer zu Uptrup zufolge lehnte Gregor Strasser den »Radauantisemitismus« entschieden ab.]

29 [Als »Radauantisemitismus« bezeichnet man die neue Form des frühen postemanzipatorischen Antisemitismus nach dem Abschluß der rechtlichen Gleichstellung der Juden im Deutschen Reich 1871, die von den 1870er bis in die 1890er Jahre Fanatismus, Gewalt, populistische Agitation, Skandale und Tumulte bis in den Reichstag trug. Die Radauantisemiten brachten sich damit gegen die alten Eliten in Stellung. Besonders der Reichstagsabgeordnete Hermann Ahlwardt wird hiermit in Verbindung gebracht. Hermann Kunze, genannt Knüppelkunze, war ein Militärtheoretiker und der Vorsitzende der Deutsch-Sozialen Partei. Seine Veranstaltungen waren für Schlägereien berühmt.]

gische Dispositionen zunutze macht. Zugegeben, Schläger, die Juden am Strand belästigen, sind ideales Sturmtrupp-Material, doch der Erfolg des Antisemitismus hängt von ihnen nicht ab. Das Problem der Entfremdung,[30] das in unserer Diskussion des Interviewmaterials zu Politik und Wirtschaft betont[31] und auch in Nathan Glazers Artikel über die Entfremdung des modernen Menschen in den Blick genommen wird, wirkt unmittelbar auf die Struktur antisemitischer Einstellungen.[32] Heute kommt es nicht

30 [Der traditionell philosophische Begriff der Entfremdung wurde von Marx in den Jugendschriften gesellschaftskritisch verwendet. Die *Ökonomisch-Philosophischen Manuskripte*, in denen »Entfremdung« eine tragende Rolle spielt, wurden erst um 1930 entdeckt und 1932 publiziert (zuletzt: Karl Marx, *Ökonomisch-philosophische Manuskripte*, hg. u. kommentiert von Michael Quante, Frankfurt/M. 2009): »Eine unmittelbare Consequenz davon, daß der Mensch dem Product seiner Arbeit, seiner Lebensthätigkeit, seinem Gattungswesen entfremdet ist, ist *die Entfremdung d⟨es⟩ Menschen* von d⟨em⟩ *Menschen*. Wenn der Mensch sich selbst gegenübersteht, so steht ihm der *andre* Mensch gegenüber. Was von dem Verhältniß des Menschen zu seiner Arbeit, zum Product seiner Arbeit und zu sich selbst, das gilt von dem Verhältniß d⟨es⟩ Menschen zum andern Menschen, wie zu der Arbeit und dem Gegenstand d⟨es⟩ andern Menschen.« (Ebd., 92.) Dabei ergibt der zweite Aspekt des vielschichtigen Begriffs, der von der Lebenstätigkeit des Arbeiters, die ursprünglichere Definition, wie Quante hervorhebt (ebd., 251). Marx: »Wie würde d⟨em⟩ Arbeiter d⟨as⟩ Product seiner Thätigkeit fremd gegenübertreten können, wenn er im Akt der Production sich nicht selbst entfremdete?« (Ebd., 87.)]

31 [Adorno bezieht sich auf seine eigene umfangreiche qualitative Auswertung des Interviewmaterials. Vgl. Adorno, in Adorno u. a., *Studien zum autoritären Charakter*, 175-279, vgl. etwa 198 f.]

32 [Nathan Glazer, »The Alienation of Modern Man«, in:] *Commentary* 3:4 [1947], 378 [-385. Neben den Begriffen »Übergang« und »Krisis« sei der Begriff der »Entfremdung« wohl der, der das Besondere dieses aktuellen Übergangs und dieser aktuellen Krisis erfasse, den bisher beispiellosen Vorgang, daß es einen umstürzenden Wandel in der psychologischen Verfassung des Menschen gebe, der sich im Gefühl der Isolation, Heimatlosigkeit, Unsicherheit, Ruhelosigkeit und Angst des Individuums in der modernen Gesellschaft widerspiegele (ebd. 378). Der später politisch konservative Soziologe Nathan Glazer (1923-2019), der einen jüdisch-orthodoxen und sozialistischen Hintergrund hatte, war in den 1940er Jahren bereits bekannt. Er lehrte zuletzt Soziologie an der Harvard University und wurde mit gleich zwei Klassikern der Sozialpsychologie und Sozialforschung berühmt: *The Lonely Crowd* (1950) mit David Riesman und Reuel Denney, und *Beyond the Melting Pot* (1963) mit Daniel P. Moynihan. Glazer hatte schon vor der Fertigstellung der *Studies in Prejudice* von den laufenden Arbeiten berichtet: Nathan Glazer, »The Social Scientists Dissect Prejudice. An Appraisal of Recent

so sehr darauf an, daß die Menschen die Juden ausreichend hassen, um ein Pogrom anzuzetteln, sondern daß sie eine Bewegung unterstützen, in der Antisemitismus Teil der Plattform ist. Es ist viel wichtiger, den Menschentypus zu ermitteln, der eine Bewegung oder Regierung unterstützen würde, die die Vernichtung der Juden plant, als die spezifischen Ursachen antisemitischer Ausschreitungen an bestimmten Orten zu untersuchen. Das Problem liegt im totalitären Antisemitismus und nicht in mehr oder minder zufälligen Eruptionen von Gewalt. Letztere können symptomatisch für Trends sein, und zweifellos ist es gut und nützlich, sie zu untersuchen und ihre vermeintlichen Ursachen zu bekämpfen. Doch wäre es illusorisch anzunehmen, solche Versuche könnten – theoretisch oder praktisch – wirkliche Einsicht in Beschaffenheit und Reichweite der Gefahr liefern oder daß »Heilmittel« (selbst erfolgreiche) dem antisemitischen Potential ernstlich beikommen könnten. Wir würden so weit gehen zu behaupten, der totalitäre Antisemitismus habe den Vorurteilen seiner eigenen Anhänger sich entfremdet; ja, das Vorurteil komme nur noch als Anhängsel eines unvergleichbar Umfassenderen vor. Ohne die heute wohl wegen ihrer Konkretheit und der schnellen Rendite, die sie abwerfen mögen, so beliebten Gemeindestudien abwerten zu wollen, glauben wir gute Gründe zu haben, unserer Studie einen ganz anderen Schwerpunkt zu geben: den der »Kulturanthropologie«.[33] Wir gehen von der Hypothese aus, daß der heutige Antisemitismus nur politisch oder mit langfristig angelegter Bildungsarbeit, nicht aber mit kurzfristigen Ad-hoc-Aktionen und der fast schon mythisch beschworenen Einrichtung »interkultureller Beziehungen« bekämpft werden kann.[34] Pragma-

Studies«, in: *Commentary* 1 (1946), 79-85. *Commentary* ist die Monatsschrift des American Jewish Committee und eines der wichtigsten intellektuellen Publikationsorgane der USA; sie erscheint seit 1945.]

33 [Die Kulturanthropologie, die das Ganze der sozialen Tradition zu betrachten sich vornimmt, wurde wesentlich von dem in Berkeley lehrenden Robert H. Lowie (1883-1957) geprägt. Horkheimer und Adorno verweisen in der *Dialektik der Aufklärung* auf: Robert H. Lowie, *An Introduction to Cultural Anthropology*, New York 1940.]

34 [So auch das Vorwort der Herausgeber für die gesamte Reihe der *Studies in Prejudice*. Vgl. Max Horkheimer, Samuel Flowerman, »Foreword to Studies in Prejudice«, in: Adorno u.a., *The Authoritarian Personality*, v f. Allerdings war »Intercultural Education« in der Tat die erklärte Absicht des American Jewish Committee und vieler Mitarbeiter der *Studies*.]

tisch gesehen, müßten unsere Ergebnisse im Rahmen eines langfristig angelegten Bildungsprogramms evaluiert werden, das auf die breit verankerten, fundamentalen anthropologischen Voraussetzungen einzuwirken versucht, die den Aufstieg des Faschismus im Land begünstigen.[35] Das mag jenen akademisch und defätistisch scheinen, die sich alles von *Good-will*-Bekundungen erhoffen. Wir aber meinen, die objektive Lage erfordere eher Vorsicht angesichts solcher Bekundungen.

35 [Ein solches anwendungsorientiertes Programm verfolgte das American Jewish Committee seit der Publikation der *Studies in Prejudice*. Eine Arbeitsgruppe diskutierte seit Anfang der 1950er Jahre die »Implementierung« der *Studies in Prejudice*. Man war überzeugt: »⟨W⟩enn diese Ergebnisse bei den Praktikern bekannt werden, müssen sich die Grundverfahren im Bildungswesen und die Durchführung unserer öffentlichen Aktionsprogramme zwingend in einschneidender Weise ändern.« AJC, *Memorandum on Implementation of the Studies in Prejudice* (8.11.1951). Das Police Department von Newark (und evtl. auch von New York City) etwa setzte die Skalen bei der Kandidatenauswahl für Sonderausbildungen ein. Vgl. YIVO Institute for Jewish Research, AJC, Folder: Bigotry and Prejudice, Studies in Prejudice, 49-62.]

B. Stellung der Studie im Verhältnis zu anderen Großtheorien

In einer Diskussion der großen Theorien des Antisemitismus und unsrer eigenen theoretischen Position taucht zwingend das Problem unserer spezifischen Definition von Antisemitismus auf. Diese Frage erfüllt oft die Funktion methodologisch getarnter Sabotage jeder wirklich gründlichen Untersuchung der Sache. Nach Auschwitz ist es aberwitzig, eine Definition des Antisemitismus zu verlangen. Jeder Nazi wußte, was mit »Jude« gemeint war, und so sollten wir es auch wissen. Konkreter und auf einer mehr oder weniger technischen Ebene haben wir Antisemitismus in der Diskussion der AS-Skala definiert.[36] In einem weiten Sinn ist dieses Buch eine Antwort und Einzeldefinitionen sind im Grunde unnötig.

Mit Blick auf die Frage der Kausalität könnte man sagen, wir hängen weder einer monistischen noch einer pluralistischen Theorie an. Es wäre absurd, eine einzelne isolierte Quelle des Antisemitismus herauszugreifen, beispielsweise Neid, Frustration oder ähnliches, und sämtliche antisemitischen Erscheinungen auf diese eine Ursache zurückzuführen.[37] Weniger absurd, wenn auch ziemlich oberflächlich wäre es, eine Reihe von Faktoren aufzuzählen

36 [Die AS-Skala (Antisemitismus-Skala) stammt von Levinson, vgl.: Adorno u. a., *The Authoritarian Personality*, 92-101. Siehe die Definition, ebd., 58: »Antisemitismus wird hier als Ideologie begriffen, das heißt als relativ stabiles System von Meinungen, Werten, Einstellungen zu Juden und Beziehungen zwischen Juden und Nichtjuden. Genauer noch, bezieht er sich auf *negative Meinungen* in bezug auf Juden (daß sie skrupellos, stammesbewußt, machtbewußt usw. sind); *feindselige Einstellungen* gegenüber Juden (daß sie exkludiert, eingeschränkt, Nichtjuden nachgeordnet behandelt werden sollen usw.); und *moralische Wertungen*, die diese Meinungen durchdringen und Einstellungen rechtfertigen.« Diese Definition ist nicht in der deutschen Ausgabe enthalten. Von Adorno stammt die qualitative Auswertung des Interviewmaterials im Hinblick auf den Antisemitismus, siehe ders. in: Adorno u. a., *Studien zum autoritären Charakter*, Kap. III, 105-174.]

37 [Die Frustrations-Aggressions-These erfreute sich großer Beliebtheit. John Dollard u. a., *Frustration and Aggression*, New Haven 1939 (dt.: *Frustration und Aggression*, Weinheim, Basel 1970). Dieser These zufolge bilden sich aus Kindheitserfahrungen Frustrationen. Narzißtische Kränkungen entstehen, die später notwendig kompensiert werden müssen. Diese These, die Adorno für zu simpel hielt, war gewissermaßen der Minimalkonsens ansonsten stark differierender Ansätze im Forschungsfeld.]

und zu behaupten, sie alle würden mehr oder weniger unabhängig voneinander eine Rolle in der Entstehung des vorurteilsgeleiteten Charakters spielen. Die meisten dieser Faktoren wurden willkürlich in wissenschaftlichen Verfahren isoliert und nachträglich erst zu separaten Determinanten hypostasiert. Die Unmöglichkeit, sie unabhängig voneinander zu untersuchen, beweist, daß sie objektiv miteinander verknüpft sind. Man kann nicht von Projektivität[38] sprechen, ohne von Aggression zu sprechen; man kann nicht über Aggression sprechen, ohne Frustration zu erwähnen; man kann Frustration nicht analysieren, ohne daß man darauf zu sprechen käme, was gemeinhin als Neid bezeichnet wird; und von Neid kann man nicht sprechen, ohne Habgier und die soziale Einstellung einzubeziehen, die sie begleitet, usw. Wir haben den Begriff des Syndroms benutzt, um die allumfassende wechselseitige Verschränkung dieser Faktoren zu bezeichnen und um der immer wiederkehrenden Unmöglichkeit Rechnung zu tragen, die verschiedenen Faktoren durch andere als arbiträre Definitionen dingfest zu machen. Unsere Hypothese zu den Ursachen des Antisemitismus ist folgende: Er ist in der Gesamtstruktur unserer Gesellschaft oder, um es pauschaler zu formulieren, jeder auf Zwang beruhenden Gesellschaft begründet. Diese Totalität manifestiert sich in vielen Aspekten, die alle in sie eingeschlossen sind und als besondere »Ursachen« nur einem Denken erscheinen können, das naiv nach dem Muster der Naturwissenschaften vergißt, daß allen sozialen Tatsachen[39] die

38 [Projektivität ist eine der insgesamt neun Variablen, die sich als »ein einziges Syndrom« darstellen. Die anderen sind: Konventionalismus, autoritäre Unterwürfigkeit, autoritäre Aggression, Anti-Intrazeption, Aberglaube und Stereotypie, Macht und »Kraftmeierei«, Destruktivität und Zynismus, Projektivität, Sexualität. Ihnen wurden jeweils bestimmte Items zugeordnet. Vgl. Adorno u. a., *Studien zum autoritären Charakter*, 46 u. 81-84.]

39 [Der Begriff der »fait social« von Émile Durkheim wurde von Adorno mit »soziale Tatsache« übersetzt; René König übersetzte den Begriff 1961 mit »sozialer Tatbestand«. Eine soziale Tatsache oder ein sozialer Tatbestand ist »jede mehr oder minder festgelegte Art des Handelns, die die Fähigkeit besitzt, auf den Einzelnen einen äußeren Zwang auszuüben; oder auch, die im Bereiche einer gegebenen Gesellschaft allgemein auftritt, wobei sie ein von ihren individuellen Äußerungen unabhängiges Eigenleben besitzt.« *Émile Durkheim, Die Regeln der soziologischen Methode*, Neuwied/Berlin [6]1980, 114. Die »faits sociaux« sind, wie Adorno später in einer Vorlesung betont, opak, weshalb dann Psychologie nicht zum Verstehen führen kann. Vgl. Theodor W. Adorno, *Einleitung in die Soziologie* (1968), hg. von Christoph Gödde, Frankfurt/M. 2003, 132 f.]

Spuren des Systems eingeprägt sind, in dem sie auftauchen, und das durch eine atomistische Aufzählung verschiedener Ursachen niemals zufriedenstellend erklärt werden kann. Es versteht sich von selbst, daß ein und derselbe Aspekt der gesellschaftlichen Totalität, der religiöse Aspekt der Vorurteilsstruktur etwa, zu verschiedenen Zeiten und an verschiedenen Orten in unterschiedlichem Maße ins Gewicht fällt.

(1) Haltung zu ökonomischen Erklärungen

Wir haben wiederholt unsere grundsätzliche Übereinstimmung mit der ökonomischen Theorie zum Ausdruck gebracht, die Antisemitismus als wesentlich gesellschaftliches und weniger psychologisches Phänomen behandelt, das in dem Maße ökonomisch zu begreifen sei, in dem die Gesellschaft selbst durch die Wirtschaft konstituiert ist, also durch den Prozeß der Selbsterhaltung der Menschengattung und die Ungleichheiten, die dieser Prozeß verursacht. Wir sind allerdings, wie wir im ersten Abschnitt, in dem der psychologische Schwerpunkt unserer Studie diskutiert wird, betont haben, nicht der Meinung, daß wirtschaftliche Motive genügen, um das Vorhandensein oder Nichtvorhandensein von Vorurteilen zu erklären. Wir haben auf Fälle aufmerksam gemacht, in denen Menschen wegen ihrer Vorurteile mit wirtschaftlichen Nachteilen konfrontiert waren, und darauf, daß der Faschismus in Deutschland für weite Teile seiner Anhängerschaft schon lange bevor der Krieg verloren war,[40] den wirtschaftlichen Ruin bedeutete, offensichtlich jedoch, ohne ihre Loyalität zu erschüttern. Nun könnte man freilich argumentieren, auch in diesen Fällen sei blanke ökonomische Gier bestimmend gewesen; daß diese Menschen zu vorübergehenden Opfern bereit gewesen seien in der Hoffnung, am Ende, insbesondere durch eine deutsche Eroberung Europas,

40 Man kann sich daran erinnern, daß die wichtigsten antisemitischen Maßnahmen der Nazis, bevor die eigentliche Vernichtungspolitik beschlossen wurde, oft solche wirtschaftlichen Maßnahmen verschleierten, die dem »kleinen Mann« schwer geschadet haben, etwa die berüchtigte »Auskämmungsaktion« gegen »Kleinbetriebe«. [Im Rahmen der NS-Kriegswirtschaft sollten in den »Auskämmaktionen« seit 1939 Facharbeiter aus nicht kriegswichtigen Betrieben in die Rüstungsindustrie versetzt werden.]

reich belohnt zu werden, so daß die Enteignung der Juden, so wenig sie den Massen auch eingetragen haben mag, nur ein Rädchen im Getriebe allgemeiner Habgier war. Es spricht einiges für diese Argumentation, doch scheint es recht dogmatisch, im antisemitischen Individuum vor allem eine eindeutig wirtschaftliche Motivation zu vermuten, selbst wenn diese auf eine ferne Zukunft sich bezieht. Schon bei oberflächlicher Betrachtung irgendeines Faschisten scheint man nichts von der Rationalität entdecken zu können, wie sie bei wirtschaftlichen Motiven im Spiele wäre. Ihm ist es wichtiger, die Juden und möglicherweise auch ihr Hab und Gut zu vernichten, als sich letzteres anzueignen. Das Motiv des Neids, das oft in populärwissenschaftlichen Versuchen betont wird, die wirtschaftliche und psychologische Faktoren verbinden wollen, traf auf Europa, wo die Stellung des jüdischen Mittelsmanns durch die monopolistische Expansion der Industrie zurückgedrängt worden war, kaum noch zu. Noch viel weniger wäre es für die amerikanischen Großstädte mit ihrem riesigen jüdischen Proletariat nachzuweisen. Insgesamt scheint das traditionelle Klischee, nach dem alle Juden reich sind, gegen den Nachweis des Gegenteils weitgehend immun.

Der scheinbare Widerspruch, einer grundsätzlich an der Ökonomie orientierten Antisemitismustheorie zuzustimmen, zugleich aber einzuräumen, die wirtschaftliche Motivation tauge nicht zum Schlüssel vollen Verstehens antisemitischer Einstellungen und Verhaltensweisen, bietet uns die Chance, unseren Standpunkt zu erläutern.

Die Antwort ist schon angedeutet in dem vorangegangenen Gedanken, daß Vorurteile auf das Prinzip der gesellschaftlichen Totalität zurückzuführen sind. Wir sprechen im Sinne dieser Totalität, und nicht im Sinne einzelner Beweggründe und handfester Interessen, vom ökonomischen Fundament des Antisemitismus. Dabei geht es nicht nur darum, daß soziale Ungleichheit und Not letztendlich auf ökonomischer Differenzierung beruhen. Darüber gehen wir hinaus. Die Struktur des Wirtschaftssystems wirkt sich auf alle menschlichen Beziehungen und selbst die innerste Verfaßtheit des Individuums aus. Insofern spiegelt der alles durchdringende Zug der gesellschaftlichen »Entfremdung« weitgehend das Wesen einer Warenwirtschaft wider, in der der Mensch als Produzent und Konsument von Waren und nicht als Subjekt seiner Gesellschaft erscheint. Wir brauchen die Effekte nicht zu betonen, die wirtschaftliche Phänomene wie das Konkurrenzdenken oder die speziellen Formen der Kollektivierung, die mit der jüngsten massiven Kapitalkonzentration einhergehen, aufs Verhalten und, wenn man so will, aufs gesamte Dasein der Menschen haben. Tatsächlich kann die Wirkung der Wirtschaftsstruktur als ganze das Individuum blind sowohl für seine eigenen ökonomischen Motive machen als auch dafür, daß seine Handlungen zu seinen eigensten wirtschaftlichen Interessen im Gegensatz sich befinden. Die Psyche des Individuums ist wesentlich eine Agentur, in der die ökonomischen Gesetze in Einstellungen und Verhaltensweisen wirksam werden, ohne daß sich das Individuum dessen bewußt wäre. So wurde das Funktionieren der Marktwirtschaft in der Konkurrenzgesellschaft des Liberalismus im 19. Jahrhundert durch subjektive Wünsche und Bedürfnisse vermittelt, die rein gar nichts davon wußten, daß ihre Erfüllung weitgehend vom Funktionieren des Ganzen abhing und nur sehr wenig von der individuellen Initiative *per se*. Ja, wäre jeder einzelne sich vollauf der Tatsache bewußt gewesen, daß er lediglich ein Rädchen im Gesamtgetriebe war, sowie seines Unvermögens, sein Schicksal wirklich zu bestimmen, hätte das System wohl kaum funktionieren können. Blindheit gegenüber objektiven Gesetzmäßigkeiten und, letztendlich, das Verdrängen von Erkenntnissen, die die Harmonie zwischen Gesellschaft und Individuum stören, sind selbst Produkte des Wirtschaftssystems. Zwangsläufig sind die Menschen so irrational wie die Welt, in der sie leben. Die Psychologie, also der Bereich der irrationalen Steuerung von Einstellungen und Verhaltensweisen, steht daher nicht in dem Maße im Gegensatz zur wirtschaftlichen Kausalität, wie sie das Ergebnis der ökonomischen Irrationalität ist, die selbst ein innewohnendes Element der sozioökonomischen Totalität ist, in der wir leben. Die Menschen werden nicht immer von klaren wirtschaftlichen Interessen geleitet, und es wäre auf törichte Weise rationalistisch, eine derartige Motivation zu suchen. Doch selbst wenn sie jenen Interessen zuwiderhandeln, spiegeln sie Tendenzen wider, die der wirtschaftliche Gesamtprozeß hervorgebracht hat. Die Konstruktion dieser Beziehung ist nicht rein spekulativ; wir behaupten keine prästabilierte Harmonie zwischen dem wirtschaftlichen Gesamtprozeß und der Psychologie des einzelnen. Wir gehen aber von der Hypothese aus, daß die scheinbare Trennung der beiden Sphären, die in irrationalen wirtschaftlichen Verhaltensweisen zum Ausdruck kommt, tatsächlich auf ökonomische Bedingungen zurückzuführen ist, die unzähligen einzelnen die Erfüllung verweigern und die »Integration« des Individuums daher nur insoweit gestatten, als es gewissermaßen nur mehr passiv reagiert und – zusammen mit seiner subjektiven Autonomie – auch darauf verzichtet, seine eigenen Interessen ernstlich zur Geltung zu bringen. Um zur Theorie des Neids zurückzukehren: Neid ist gewiß eine Dimension des Vorurteils, doch sind Menschen nicht antisemitisch, weil sie die Juden beneiden. Sie sind von Grund auf neidisch, wegen des stetigen gesellschaftlichen Drucks und des offenen Widerspruchs zwischen den heutigen wirtschaftlichen Potentialitäten und ihrer eigenen, zutiefst unbefriedigenden Existenz. Am Ende richtet ihre Mißgunst sich gegen die Juden oder eine andere geeignete Minderheit. Sie bahnt sich den Weg des geringsten Widerstands. Das wenigstens scheint sich für uns aus unsern Befunden zum »funktionalen Charakter« des Vorurteils zu ergeben.[41] Je stärker unsere Gesellschaft dazu tendiert, »integral« zu werden, das heißt ein umfassend organisiertes Ganzes, desto stärker wird der Druck, den sie auf das relativ ohnmächtige Individuum ausübt. Und es ist genau dieser Vorgang, der die psychologischen Abwehrmechanismen verstärkt, die mit dem Vorurteil verbunden sind. Es ist durchaus denkbar, daß selbst die grauenerregendste Form der Diskriminierung, die Nazi-Politik des »Genozids«,[42] eng mit der ökonomischen Tatsache zusammenhängt, daß die heutige Form der ökonomischen

41 [Adorno hatte den »funktionalen« Charakter des Antisemitismus in einem Abschnitt behandelt, vgl. *Studien zum autoritären Charakter*, 110-115. Seine qualitative Auswertung des Interviewmaterials war die empirische Grundlage der zentralen Hypothese der vier Hauptautoren in der Einleitung, »daß der Antisemitismus weit mehr als auf den wirklichen Eigenschaften der Juden auf subjektiven Faktoren und der allgemeinen Situation des Antisemiten basiert« (vgl. ebd., 3). Der Antisemitismus hänge demnach von den psychischen Bedürfnissen und Trieben des Subjekts ab (ebd., 110).]

42 [Der Begriff des Genozids wurde 1943 in systematischer Absicht von dem polnisch-jüdischen Juristen Raphael Lemkin verwendet, um alle Aspekte des Phänomens zu erfassen. Schon 1944 kam er in der US-Presse in Gebrauch, die über Europa und die Vernichtungslager berichtete. Die Vereinten Nationen beschlossen im Dezember 1948, etwa ein Jahr nachdem Adorno die »Bemerkungen« geschrieben hatte, die Convention on the Prevention and Punishment of the Crime of Genocide, die 1951 in Kraft trat. In Deutschland trat sie 1955 in Kraft als Konvention über die Verhütung und Bestrafung des Völkermordes.]

Organisation sich als unfähig erweist, die Reproduktion der unter diesen Bedingungen lebenden Bevölkerung zu gewährleisten. Das heißt nicht unbedingt, daß die Nazihierarchie dieser objektiven Determinanten sich bewußt war, obwohl sie in ihrem Denken vielleicht eine größere Rolle spielten, als sie aus ideologischen Gründen zugeben mochte. Man darf annehmen, daß die Furcht, überflüssig zu werden, auch im zeitgenössischen Antisemitismus anderer Länder eine beträchtliche Rolle spielt. Die Vorstellung, die in der Behandlung der Juden in den Konzentrationslagern und in den Todesfabriken zum Ausdruck kam, daß sie reine Objekte der Manipulation seien, lebende Leichen, ja im Grunde ein Stück Seife, könnte durchaus eine Projektion der dumpfen Wahrnehmung des vorurteilsgeleiteten Individuums von seiner eigenen sozialen Lage sein, eines Bewußtseins, das nur dadurch erfolgreich sich verdrängen läßt, indem es sich und anderen beweist, daß es die andern sind, deren man sich entledigen kann.

All das ist freilich rein theoretisch und durch unsere Arbeit nicht wirklich zu beweisen. Es deutet eher eine Richtung der Überlegungen an, die uns zu psychologischen Untersuchungen geführt haben, ohne die ökonomische Vorurteilstheorie preiszugeben. Um die Funktionsweise objektiver ökonomischer Gesetzmäßigkeiten nicht so sehr auf der Ebene der wirtschaftlichen »Motive« des einzelnen, sondern seiner unbewußten psychischen Struktur zu untersuchen, bedürfte es umfangreicher und sorgfältig geplanter Spezialuntersuchungen. Wir wagen jedoch die Prognose, daß die Lösung dieses Problems uns die tatsächliche wissenschaftliche Erklärung heutiger Vorurteile liefern würde. Unsere Studie hat zumindest eine große Menge an Rohmaterial und eine Reihe von Hypothesen für ein solches Unterfangen zusammengetragen. In diesem Zusammenhang sollten wir das Konzept der Gruppensolidarität oder, wie ein Mann mit hohen Punktwerten auf der Skala sich ausdrückte, der Loyalität erwähnen, das im Gesamtcharakter vorurteilsgeleiteter Individuen eine extrem wichtige Rolle spielt. Über die psychologische Ätiologie der Bindung an die Gruppe und ihre Abhängigkeit von der »autoritären« Lösung des Ödipuskomplexes wissen wir recht gut Bescheid, und auch von der ökonomischen Funktion dieser Art der Loyalität haben wir hinreichend Kenntnis. Indem sie die offensichtlichen wirtschaftlichen Interessen des Individuums jenen der Gruppe unterordnet, mit der es sich identifiziert, begünstigt diese Loyalität Klasseninteressen, die für die Entfaltung objektiver ökonomischer Gesetzmäßigkeiten viel entscheidender sind als die Partikularinteressen jedes einzelnen. Zugleich befördert diese Identifizierung insofern die Rationalisierung individueller Frustrationen, als sie an den Vorteilen der Gruppe sich orientiert, als deren Mitglied das Individuum sich fühlt. Es ist der Bereich der Ideologie, in dem unbewußte psychologische Prozesse die objektiven und somit opaken, »unbewußten« ökonomischen Gesetzmäßigkeiten in individuelle Verhaltensmuster übersetzen.

(2) Haltung zum soziologischen Ansatz

Hier bezieht der Begriff »soziologisch« sich auf Theorien, die das Phänomen des Vorurteils in allgemeinen Kategorien zu erklären suchen, die sich auf Menschen als soziale Wesen beziehen und aus den mehr oder weniger formalen Strukturen ihres Zusammenlebens Gesetzmäßigkeiten ableiten.[43] Dazu gehören Erklärungsansätze, die unterscheiden zwischen In- und Out-Group, gesellschaftlicher Stabilität und sozialer Mobilität, geschlossenen und offenen Formen der gesellschaftlichen Organisation usw.[44] Derartige Erklärungsansätze scheinen unsrer Herangehensweise recht nahe zu

43 [Das bezieht sich nicht nur auf die von Georg Simmel oder Leopold von Wiese begründete formale Soziologie, sondern für die USA etwa auf Emory Stephen Bogardus.]

44 [Gemeint ist insbesondere der Sammelband, der der erste sozialwissenschaftlich und gesellschaftstheoretisch ambitionierte zum Thema überhaupt war: Isacque Graeber, Steuart Henderson Britt (Hg.), *Jews in a Gentile World. The Problem of Anti-Semitism*, New York 1942. Hier wurde der Anschluß an die Soziologien der Zeit hergestellt. Talcott Parsons hatte vor dem Hintergrund der Anomie-Theorie Durkheims den Antisemitismus der Mehrheit als Symptom sozialer Desorganisation analysiert. Vgl. Talcott Parsons, »Sociology of Modern Anti-Semitism«, in: Graeber/Britt (Hg.), 101-122. Der »In-Group versus Out-Group Antagonism« wurde von J.F. Brown, behandelt, »The Origin of the Anti-Semitic Attitude«, in: ebd., 124-148, hier: 131-133. Brown arbeitete später mit dem IfS und der Berkeley Group zusammen; er war für die Leitung einer Datenerhebung in Los Angeles und theoretische Fragen verantwortlich. Ein Text, den er für *The Authoritarian Personality* schrieb, wurde letztlich nicht in den Band aufgenommen: J.F. Brown, »A Modification of the Rosenzweig Picture – Frustration Test to Study Hostile Interracial Attitudes« (26 S.), YIVO, AJC, Folder, Bigotry and Prejudice, Studies in Prejudice, The Authoritarian Personality, Berkeley Study Reports. 45-48.]

kommen; dem in erster Linie gesellschaftlichen, überindividuellen Wesen des Vorurteils werden sie durchaus gerecht; sie orientieren sich eher am Konzept der gesellschaftlichen Totalität statt an atomistischen wirtschaftlichen Ursachen; sie scheinen Verbindungen zwischen objektiven (gesellschaftlichen) und subjektiven Aspekten des Vorurteils herzustellen.

Es ist gerade diese oberflächliche Ähnlichkeit, die eine Erklärung notwendig macht, inwiefern unsere spezifische Haltung und der soziologische Ansatz sich unterscheiden. Daß die für die soziologische Herangehensweise entscheidenden Konzepte für die Vorurteilsstruktur von erheblicher Bedeutung sind, bestreiten wir nicht. Zahlreiche Belege sprechen dafür, daß Antisemiten die Unterscheidung von In- und Out-Group in erheblichem Maße libidinös besetzen, daß die tatsächlich oder angeblich konservativen Exponenten des Antisemitismus an der (oftmals mit ihrer Verstädterung in Verbindung gebrachten) jüdischen »Mobilität« als Bedrohung einer ihnen als stabil und traditionsgebunden geltenden Ordnung Anstoß nehmen, daß bestimmte soziale Gruppen, exklusive Clubs etwa, fast immer von Rassenhaß durchdrungen sind. Wir glauben aber nicht, daß diese formalen sozialen Kategorien, die weitgehend vom *Inhalt* der gesellschaftlichen und psychologischen Dynamik abstrahieren, die *Ursachen* von Vorurteilen sind. Eine solche Annahme führt häufig zur Neutralisierung wissenschaftlicher Fragestellungen und läßt Phänomene, die zutiefst mit den konkreten Besitz- und Machtverhältnissen verbunden sind, so erscheinen, als seien sie auf die organisierte Gesellschaft schlechthin zurückzuführen. Trotz ihrer Betonung »gesellschaftlicher Faktoren« eignet diesen aktuellen soziologischen Erklärungsansätzen eine Aura des »Naturhaften«, die Vorurteile harmlos aussehen läßt – als unvermeidliches, ja ewig bleibendes Übel der modernen Gesellschaft. Diese Annahme wird dadurch noch befördert, daß die Gesellschaft, wie wir sie kennen, tatsächlich von Diskriminierung geprägt worden ist, so daß man sie leicht als Invariante der sozialen Organisation interpretieren könnte statt als Konsequenz von Ausbeutung und Unterdrückung. Es ist, als hypostasiere der soziologische Ansatz die geronnenen Effekte materialer gesellschaftlicher Kräfte, um sie dann für Tendenzen verantwortlich zu machen, deren bloße Folge sie sind. Das führt zu einer oberflächlichen Haltung des Common sense, die weder den Ernst der Bedrohung erfassen kann, die letztendlich selbst »antisozial« ist, noch die Möglichkeit eines gesellschaftlichen Wandels, durch den die Bedrohung verschwinden könnte.

Als wie »vernünftig« die soziologischen Erklärungsansätze sich auch empfehlen mögen, ein Aspekt enthüllt ihre Unzulänglichkeit: das angeblich Selbstverständliche ihrer zentralen Kategorien. Das Denken ist so stark von der geschichtlichen Erfahrung geprägt, daß eine These wie: »die In-Group steht der Out-Group feindselig gegenüber«,[45] oder – psychologisch ausgedrückt – »der Fremde wird immer gehaßt«, offensichtlich und selbsterklärend wirkt. Abgesehen davon, daß die oberflächliche Beobachtung, es habe überall, wo es die Unterscheidung von In- und Out-Group gab, auch Diskriminierung gegeben, sich der Frage entzieht, ob eine solche Unterscheidung in der modernen Gesellschaft überhaupt zwingend ist, ist das scheinbar Naturhafte von Feindseligkeit zweifelhaft. Eine naive, soziologisch ungeschulte Person könnte durchaus fragen: »Warum *wird* der Fremde gehaßt?« Als Antwort gäbe es verständnisloses Schweigen oder eine Wiederholung, so sei es eben, es sei naturgemäß, oder Erklärungen, die, sobald sie die Phänomene nicht einfach als gegeben voraussetzen, den Schein des Evidenten verlieren und deshalb unbeliebt sind. Die Naivetät solchen Fragens wäre indessen nicht zu entmutigen. Selbst auf einer oberflächlichen Ebene ist der Haß auf das Fremde uneindeutig. Die Literatur ist voller Darstellungen des erotischen Zaubers fremder Frauen, von »Mädchen aus der Fremde«;[46] das Ungewöhnliche, Neuartige wirkt oft ungleich anziehender als die Routinen der gewohnten Welt – die der In-Group; in vielen primitiven Gesellschaften wird der Fremde keineswegs mit offener Feindseligkeit betrachtet, sondern man begegnet ihm mit Ehrfurcht und Zugewandtheit. Es gibt Grund anzunehmen, daß das nicht nur auf Individuen zutrifft, sondern auch auf größere Gruppen wie Deutsche und Juden. Die soziologische Herangehensweise müßte diese Ambiguität notwendig berücksichtigen. Im Moment, in dem das geschähe, verschwän-

45 [Dies kann sich etwa auf J.F. Brown, Kurt Lewin oder Gordon W. Allport beziehen. Das Konzept war ebenso populär wie die Frustrations-Aggressions-These; vgl. oben, Fn. 37.]

46 [»Das Mädchen aus der Fremde« ist der Titel eines Gedichts von Friedrich Schiller.]

de das Selbstverständliche der »Feindseligkeit«.[47] Würde man die Behauptung, der Fremde sei der Feind, um die Erklärung ergänzen, »... weil er unheimlich ist«, würde man das Problem lediglich verschieben, aber nicht lösen.[48] Man müßte fragen: »Was heißt unheimlich und welche Mechanismen liegen der Erfahrung des Unheimlichen zugrunde?« Freud gab die Antwort, das Unheimliche sei nicht das, was wir in einem absoluten Sinne als »fremd« erfahren, sondern gerade das uns nur allzu Vertraute, das wir in uns selbst verdrängen mußten und ablehnen, wenn wir bei andern darauf stoßen.[49] Man kann durchaus annehmen, daß ähnlich dialektische Muster den Beziehungen zwischen In- und Out-Group selbst auf der sozioökonomischen Ebene zugrunde liegen könnten. So ist etwa argumentiert worden,[50] der typische Einwand der In-Group, die Juden seien unproduktiv, gehe letztlich auf eine diffuse Wahrnehmung der In-Group zurück, sie selbst sei unproduktiv, da sie sich die Arbeit anderer aneigne. Sobald man die Analyse in Richtung solcher Überlegungen zwingt, bricht der konzeptuelle Rahmen der soziologischen Herangehensweise zusammen; er muß Platz machen für ganz andere Begriffe. Das Konstrukt der In-Group und Out-Group mag letztlich als bloß verwässerter und formalisierter Ausdruck der Klassenbeziehungen sich erweisen.

Der »integrative« Aspekt des soziologischen Ansatzes geht freilich in dieser Betrachtungsweise verloren und die Probleme landen gewissermaßen wieder bei den traditionellen Disziplinen der Ökonomie und der Psychologie. Auf den ersten Blick scheint das unserer eigenen Grundannahme zu widersprechen, das Vorurteil sei durch das sozioökonomische Gesamtsystem determiniert.

47 [In den qualitativen Analysen des Interviewmaterials schrieb Adorno einen Abschnitt über »Beobachtungen an niedrig Eingestuften«, der hier im Hintergrund steht. Dort schreibt er: »Dieser Versuchsperson stellt sich gerade die ›Fremdartigkeit‹ der Minderheiten, bezogen auf die stereotype Uniformität der hochorganisierten Massengesellschaft von heute, als das Menschliche dar«. Adorno, in: Adorno u. a., *Studien zum autoritären Charakter*, 169.]

48 [Dieses Erklärungselement hatte Fenichel 1944 bei der Tagung Simmels vorgetragen, vgl. Fenichel, »Elemente einer psychoanalytischen Theorie des Antisemitismus«, 41.]

49 [Vgl. Sigmund Freud, *Das Unheimliche* ‹1919›, in: ders., *Gesammelte Werke*, hg. von Anna Freud, Bd. XII, Frankfurt/M. 1999, 227-268.]

50 Siehe Max Horkheimer, Theodor W. Adorno, »Elemente des Antisemitismus«, in: *Dialektik der Aufklärung*, Amsterdam 1947.

Doch impliziert unser Ansatz keineswegs, daß diese Totalität in sich konsistent ist. Ganz im Gegenteil: Ihr intrinsisch antagonistischer Charakter ist gerade der Grund für irrationale Ausbrüche: Diskriminierung. Es ist das Wesen dieser Totalität, sich durch das Eigeninteresse all jener, die sie umfaßt, zu erhalten, jedoch zugleich ebenjenes Eigeninteresse stets und ständig zu stören und aufs Spiel zu setzen. Man kann sie eine sich selbst widersprechende Totalität nennen; es kann von einer Harmonie des Ganzen und seiner Teile keine Rede sein. Der Bruch zwischen ihnen findet seinen naiven Ausdruck in der wissenschaftlichen Arbeitsteilung von Disziplinen wie Ökonomie und Psychologie; die Naivetät der aufteilenden Differenzierung, hier gebe es Wirtschaft und dort Individuen, auf die sie wirke, muß durch Einsicht in die letztliche Identität der operativen Kräfte beider Sphären überwunden werden. Dagegen bringt diese Aufteilung die Wahrheit nach vorn, daß in unserer Gesellschaft das Ganze und das Individuum nicht umstandslos miteinander identifiziert werden können; sie müssen als einander entgegengesetzt und doch als Aspekte desselben Ganzen begriffen werden. Der soziologische Ansatz vergißt allzu leicht, daß die Entfremdung zwischen den verschiedenen Zweigen der Sozialwissenschaft der Wirklichkeit soweit entspricht, als sie die wirkliche gesellschaftliche Entfremdung widerspiegelt. Es ist deshalb sinnvoller, Analysen innerhalb der traditionellen Disziplinen zu vertiefen, bis transparente Resultate mit Blick auf die gesellschaftliche Totalität hervortreten, statt Konzepte einzuführen, die allzu umstandslos von dieser Totalität abgeleitet wurden. Wegen solcher methodologischer Überlegungen haben wir unsere Studie innerhalb der Grenzen der Spezialisierung gehalten.

(3) Haltung zur Religionsthese

Die religiöse Erklärung des Antisemitismus bietet Gelegenheit, unseren Ansatz im Verhältnis zu anderen partikularen Erklärungen zu erläutern, soviel Wahres diese auch enthalten mögen. In ihrer älteren Form leitet die Religionsthese den Antisemitismus aus dem Gegensatz zwischen Christentum und Judentum und insbesondere aus der traditionellen Vorstellung der jüdischen Verantwortung für die Kreuzigung Christi ab. Im Sinne der Pragmatik führt dieser

Ansatz zu starker Betonung eines »Sonntagsschul-Antisemitismus« und der Erwartung, eine – zweifellos zu begrüßende – Reform des Religionsunterrichts würde zu einer entscheidenden Verbesserung führen. Die offenkundige Tatsache der religiösen Indifferenz, die auch unsere Studie bestätigt,[51] spricht gegen jede einfache religiöse Erklärung, auch wenn sie für manch rückständiges Agrarland mit fanatisch religiöser Bevölkerung zutreffen mag.[52] Trotzdem kann wegen der Hartnäckigkeit von Motiven des religiösen Antisemitismus, die die Religion sozusagen überlebt haben, der religiöse Aspekt der Verfolgung nicht ganz ausgeschlossen werden. Die Religionsthese ist entsprechend reformuliert worden. Maurice Samuel etwa behandelt den Antisemitismus in seinem Buch *The Great Hatred* zwar noch als spezifisch christliches Phänomen, verbindet ihn aber nicht mehr mit der Dogmatik, sondern mit einer Dauerrebellion des, wie Kierkegaard es genannt hätte, offiziellen Christentums gegen den christlichen Geist: dem Widerstand der ungezähmten barbarischen Natur gegen die Opfer, die die christliche Lehre der allumfassenden Liebe verlangt.[53] Samuel zufolge ist Judenhaß im Grunde Haß auf Christus. Was man nicht gegen die Werte zu tun wagt, denen man selbst unterworfen ist, wird »anderen« Werten zugefügt, die aber im wesentlichen identisch mit den eigenen sind,

51 [Adorno hatte die These religiöser Indifferenz in den USA im Buch selbst relativiert. Das Material wurde an der Ost- und Westküste mit ihren urbanen Zentren, nicht aber etwa im »Bible Belt« oder Gegenden mit dominant irisch-katholischer Bevölkerung erhoben. Fundamentaler aber ist die Einschränkung, daß Religion »im Denken der meisten Menschen nicht mehr die entscheidende Kraft wie einst« ist und daß sie ihre sozialen Anschauungen und Verhaltensweisen kaum mehr bestimme. Siehe Adorno, in: Adorno u. a., *Studien zum autoritären Charakter*, 280. Ein Teil des Interviewschemas war explizit der Religion gewidmet.]

52 [Adorno dachte etwa an Irland; die irischen Katholiken sind in den empirischen Studien des Instituts häufiger berücksichtigt worden.]

53 [Samuel war zu einer den Skalen »Konventionalismus«, »autoritäre Unterwürfigkeit« und »autoritäre Aggression« ähnlichen These gelangt: daß dem Antisemitismus das Element von Haß auf das Nonkonformistische eigne, er aber zugleich eine nonkonformistische Rebellion sei, die sich gegen das Bestehende Bahn breche. In der Religionsthese schlug Samuel ebenfalls eine eigene Richtung ein: »Antisemitismus ist Ausdruck von verborgenem Haß, gegen Christus und das Christentum, der in der westlichen Welt auf einen neuen und katastrophalen Grad angestiegen ist.« Samuel, *The Great Hatred*, 27. Samuel wurde in Adornos qualitativen Interviewanalysen zitiert, vgl.: Adorno, in: Adorno u. a., *Studien zum autoritären Charakter*, 281.]

das heißt, sie sind so eng miteinander verwandt wie die Doktrinen der beiden großen monotheistischen Religionen. Das Judentum Jesu ist in diesem Kontext entscheidend. Dies deckt sich mit einer Theorie, die von ganz anderen Annahmen ausgeht: der psychoanalytischen Ableitung des Antisemitismus in Freuds *Der Mann Moses und die monotheistische Religion.*[54] Auch die Affinität Samuels zu *Das Unbehagen in der Kultur* ist kaum zu übersehen.[55]

Wir lehnen diese Denkrichtung nicht ab. Ganz im Gegenteil: Viele unserer Befunde scheinen Samuels »Spekulationen«[56] zu bestätigen. Das bezieht sich weniger auf offen religiöse Einstellungen als auf Einsichten zur Charakterstruktur. Der Konflikt zwischen Oberflächen-Konventionalismus und unterschwelliger Rebellion ist aufs engste mit der Opposition gegen den christlichen Humanismus verknüpft.[57] Die destruktiven Impulse, die sich im gesamten TAT-Material so deutlich zeigten, belegen diese »barbarische«, heidnische Stimmung ebenso wie deren Umlenkung von der eignen Welt auf die »andere«. Der projektive Charakter der Gleichung Judenhaß = Haß auf Christus ist offenkundig, und Projektivität erwies sich als das alles durchdringende Element der Charakterstruktur der Vorurteilsgeleiteten. Es gibt kaum ein Merkmal des Syndroms der hoch Eingestuften, das Samuels Konstrukt widersprechen würde.

Allerdings sollte man die Tatsache betonen, daß sich diese Eigenschaften auf viel umfassendere Weise manifestieren, als die Religionsthese vermuten läßt. Sie geht da in die Irre, wo sie an sich zutreffende und signifikante Beobachtungen reduktionistisch zu einem willkürlich ausgewählten »Faktor« zusammenzieht. Das scheint insofern überzeugend, als die These gewisse Tendenzen der Totalität des Gesellschaftsprozesses durchaus treffend darstellt, doch kann der »Faktor« unmöglich als letztgültige Erklärung für das Phänomen betrachtet werden. Der historische Prozeß der

54 [Vgl. Sigmund Freud, *Der Mann Moses und die monotheistische Religion* ‹1939›, in: ders., *Gesammelte Werke*, Bd. XVI, 100-246.]

55 [Vgl. Sigmund Freud, *Das Unbehagen in der Kultur* ‹1930›, in: ders., *Gesammelte Werke*, Bd. XIV, 417-506.]

56 [Das war nicht abwertend gemeint, zumal der Begriff »Spekulation« bei Adorno die Konnotation des entsprechenden Hegelschen Terminus hat. Samuels Bändchen war ein hochpolemischer Essay, keine wissenschaftliche Abhandlung.]

57 [Vgl. Adorno, in: Adorno u. a., *Studien zum autoritären Charakter*, 281.]

Christianisierung ist nur ein Aspekt von Zivilisation und die unterschwellige »Rebellion der rohen Natur« ist nicht auf die jüdisch-christliche Tradition beschränkt; sie überschattet die gesamte bisherige Zivilisation. Es ist wahrlich *Unbehagen in der Kultur*. Die Rebellion gegen die Zivilisation ist der Tatsache geschuldet, daß sie den Menschen fortwährend alle möglichen Arten von materiellen und psychologischen Opfern abverlangt. Um die Selbsterhaltung des Ganzen und die Sicherheit des einzelnen zu gewährleisten, sollen sie »rational« sein, doch es gelingt ihnen nicht. Die Wut gegen die Zivilisation, wie sie in ihrer reinen Form sozusagen im Antisemitismus konzentriert ist, entstammt dem Gefühl, betrogen zu werden. Weil sie ihr Versprechen, den Menschen von der Barbarei zu erlösen, nicht hält, entfesselt die Zivilisation wieder und wieder barbarische Instinkte. Der Rebell gegen die Zivilisation wird zu grenzenlosen Wutausbrüchen angestachelt, weil die Macht, die den Barbaren in ihm unterdrückt, selbst barbarisch ist. Er will in einer chaotischen Welt leben und lieber alles zerstören, als in einer Kultur leben zu müssen, von der er weiß, daß sie lediglich ein System ist, das den Machterhalt der Herrschenden gewährleistet. Da er sein Leben andernfalls nicht ertragen könnte, da »seine« Welt sonst zerbrechen würde, wird die latente Wut auf seine Unterdrücker, die stärker sind als er, übertragen und gegen die durch die Zivilisation korrumpierte Idee des Guten selbst gerichtet. Diese Verschiebung ermöglicht ihm außerdem, den Weg des geringsten Widerstands zu gehen und die zu verfolgen, die ohnehin schwach sind. Samuel war dieser Struktur auf der Spur. Er hat sie aber nicht zu den fundamentalen gesellschaftlichen Triebkräften ins Verhältnis gesetzt, sondern auf die ideologische Dimension der religiös motivierten Akzeptanz oder Ablehnung begrenzt. Die Konkretheit, die er damit gewinnt, seine Fähigkeit, eine bestimmte, greifbare »Ursache« des Antisemitismus zu nennen, ist fadenscheinig. Der Christianismus ist insofern in den Antisemitismus verwickelt, als er in die Totalität der Zivilisation verwickelt ist. Die Annahme aber, die Christusvorstellung sei immer noch so mächtig, daß die Reaktionsbildung die eine Erklärung für totalitären Haß liefern könnte, ist willkürlich und hält genauerer Betrachtung nicht stand. Wäre sie wahr, müßte der Druck des Christianismus dem Druck des latenten Antichristianismus entsprechen. Dem ist aber offensichtlich nicht so. Länder mit uralten christlichen Traditionen wie die romanischen

Länder oder Länder, in denen im Gefolge des Calvinismus die Religion das säkulare Leben stark geprägt hat, haben bisher größere Immunität gegen das antisemitische Virus bewiesen als Deutschland, wo die Christianisierung nie ganz erfolgreich war und unsublimierte heidnische Tendenzen die Jahrhunderte überdauert haben. Der Antichristianismus ist nur eine Hilfstruppe des Antisemitismus. Ihn zum Kern des Problems hochzustilisieren ist ein gefährlicher Irrglaube, zumal dies den Juden falschen Trost spendet, die, wenn sie verfolgt werden, sich und andere glauben machen wollen, die Attacke richte sich gleichermaßen gegen Protestanten und Katholiken.[58] In der Praxis wirkt diese Ideologie häufig wie der Versuch, sich der Unterstützung der Herrschenden auf dem Wege einer Identifikation zu versichern, für die es in der Wirklichkeit kaum eine Basis gibt.

(4) Haltung zur »existentialistischen« Theorie

Im ersten Abschnitt haben wir die höchst anregende Studie »Portrait of the Anti-Semite« von Jean-Paul Sartre erwähnt.[59] Von allen uns bekannten philosophischen Erörterungen des Problems kommt diese unserer eigenen Interpretation des Antisemiten am nächsten. Nichtsdestotrotz gibt es mit Blick auf einige der fundamentalen philosophischen Begriffe deutliche Unterschiede zwischen uns und Herrn Sartre. Verblüffend ist, wie Sartres Ausführungen, von denen wir erst Kenntnis bekamen, nachdem wir bereits damit begonnen hatten, unsere endgültigen Ergebnisse zu verschriftlichen, mit unsrer eignen Interpretation sich deckt, teils bis in konkreteste Details von der Sorte, die in der Regel nur von empirischen Untersuchungen zu erwarten wären. Obwohl seine Terminologie ganz anders ist als unsere, ist die zentrale Einsicht beinah dieselbe. Dazu nur einige wenige Beispiele: Sartres Beharren darauf, die Leidenschaft des Antisemiten werde nicht durch Erfahrung provoziert,[60] entspricht

58 [In der Tat ist der Antikatholizismus in den USA eine nicht zu vernachlässigende Vergleichsgröße. Vgl. Will Herberg, *Protestant, Catholic, Jew: An Essay in American Religious Sociology*, New York 1955, bes. Kap. VII.]

59 [Jean-Paul Sartre, »Portrait of the Antisemite«, in:] *Partisan Review*, 13:2 [1946], 163 ff.

60 [Vgl. Sartre, *Überlegungen zur Judenfrage*, 11.]

unserer These, wonach die »H« zu wirklicher Erfahrung unfähig sind und der Antisemitismus nicht weniger als andere Elemente der pseudokonservativen Ideologie zum Ersatz solcher Erfahrung dient. Auch Sartre erkennt, daß die Antisemiten nie aus voller Überzeugung an den Antisemitismus glauben, daß sie zwischen Wahn und irgendeiner Erfahrung, deren sie noch fähig sein mögen, schwanken: »Glauben Sie nicht, die Antisemiten würden sich über die Absurdität dieser Antworten etwas vormachen«[61] (über die üblichen Stereotype der Juden als Schwindler und Unruhestifter). Das, was wir »Anti-Intrazeption« nennen, formuliert Sartre so: »[E]r (der Antisemit) hat gewählt, ganz draußen zu sein, sich niemals sich selbst zuzuwenden, nichts anderes zu sein als die Angst, die er anderen einflößt [...].«[62] Sadomasochistischer Konformismus und Haß auf den Intellektuellen und alles, was anders ist? »Er betrachtet sich als Durchschnittsmenschen, als einen Menschen des unteren Durchschnitts, im Grunde als Mittelmaß [...].«[63] Die Ausflucht in Scheinkollektivität? »Er hat sich zum Antisemiten gemacht, weil man das nicht ganz allein sein kann. Der Satz: ›Ich hasse die Juden‹ gehört zu denen, die man in der Gruppe ausspricht; indem man ihn ausspricht, schließt man sich einer Tradition und einer Gemeinschaft an [...].«[64] Unsere Gesamtkonstruktion des faschistischen Charakters? »Wir beginnen zu verstehen, daß der Antisemitismus nicht einfach eine ›Meinung‹ über die Juden ist und daß er die ganze Person des Antisemiten engagiert.«[65] Und noch eine Aussage Sartres deckt sich mit einem Konzept, auf das das Institut für Sozialforschung bei Untersuchungen des faschistischen Agitators gestoßen ist: Der Agitator stellt sich den Juden so vor, daß er Böses um des Bösen willen tue, das heißt ganz und gar irrational: Es gibt »ein metaphysisches Prinzip [...], das ihn treibt, unter allen Umständen *das Böse zu tun*, und müßte er sich dabei selbst zerstören. Das Prinzip, man ahnt es wohl, ist magisch [...].«[66] Die oben erwähnte Tendenz des Antisemiten, sich gegen das »Ideal« zu wenden und das Opfer statt des Unterdrückers zu attackieren, die

61 [Ebd., 16.]
62 [Ebd., 17.]
63 [Ebd.]
64 [Ebd.]
65 [Ebd., 24.]
66 [Ebd., 27.]

einhergeht mit boshaftem Beharren auf dem Bestehenden, identifiziert Sartre ebenfalls: »Der Antisemit fürchtet sich vor der Erkenntnis, daß die Welt schlecht eingerichtet ist [...].«[67] Unterhalb der positiven Sicht der »H« lauert deren Gegenteil: Er »betont [...] die Zerstörung«.[68]

Sartres eigene Erfahrungsbegabung und die Tradition der französischen »Psychologie«, wie sie von den großen Romanschriftstellern von Stendhal und Flaubert bis Proust bestimmt worden ist (bei Proust finden sich einige bemerkenswerte Analysen antisemitischer Wendungen; man denke etwa an jene Abschnitte seines Werks,[69] in denen er sich mit der Dreyfus-Affäre beschäftigt), sind offenbar so stark, daß sie die ideologischen Elemente seiner Philosophie entkräften. Hauptgedanke dieser Philosophie ist die Idee der »Entscheidung«: daß der Wert des Menschen von seiner freien Entscheidung abhänge, letztlich seiner Fähigkeit, dem Schicksal unverstellt und illusionslos zu begegnen. Er verleitet Sartre dazu, den Antisemitismus in rein individuellen Begriffen zu interpretieren, obwohl er natürlich weiß, daß Antisemitismus mit speziellen gesellschaftlichen und politischen Einstellungen einhergeht. »Es leuchtet ein, daß der Antisemitismus des Antisemiten von keinem äußeren Faktor herstammt. Der Antisemitismus ist eine freie und totale Wahl [...].«[70] Sartres Betonung der Gesamtstruktur der antisemitischen Individualität ist produktiv, jedoch ist es unmöglich, diese Individualität zu isolieren, sie als Absolutum zu behandeln und für ihre Funktion als Agentur der gesellschaftlichen Unterdrückung sich blind zu machen. Betrachtet man Sartres offenkundig individualistisches Konzept des Antisemiten näher, zeigt sich allerdings, daß selbst der Kierkegaardschen Erklärung der »selbstgewählten« Haltung des Antisemiten ein Element des Wahren eignet. Unsre eigene These vom sekundären Charakter der negativen Übertragung,[71] vom

67 [Ebd., 28.]

68 [Ebd., 29.]

69 [Der Antisemitismus zieht sich durch alle Bände von Marcel Prousts *Auf der Suche nach der verlorenen Zeit*. Auch Sartre erwähnte Proust in diesem Zusammenhang, vgl. *Überlegungen zur Judenfrage*, 21.]

70 [Ebd., 14.]

71 [In den qualitativen Interviewanalysen sprach Adorno von Fällen des Antisemitismus, in denen sich »›negatives Verliebtsein‹ andeutet«. Vgl. Adorno, in: Adorno u. a., *Studien zum autoritären Charakter*, 119. Auch die Ambivalenz aktualisiert

»funktionalen« Charakter des Antisemitismus, weist in ebendiese Richtung. Immer wieder ist beobachtet worden, daß der Antisemitismus einzelner an- und abgeschaltet werden kann, gerade so, wie die »spontanen Aktionen« gegen die Juden im Dritten Reich von oben angeordnet und abgeblasen wurden. Die Einsicht in diesen Aspekt sollte sich in irgendeiner Weise modifizierend auf die Annahme Sartres auswirken, der Antisemitismus sei »zugleich eine Leidenschaft und eine Weltanschauung«.[72] Wenn auch kein Zweifel an der emotionalen Grundierung des Antisemitismus bestehen kann – die Umwandlung der verdrängten Libido in Destruktivität –, so ist diese Libido dennoch primär »frei beweglich«, wie es die Psychoanalytiker formulieren würden. An der Übertragung auf das spezifische Objekt ist das Ich beteiligt. Gerade die Tatsache, daß es sich beim Antisemitismus nicht nur um eine Einstellung, sondern um eine pseudorationale Ideologie handelt, deren inhärente Unwahrheit dem faschistischen Charakter selbst nie ganz verborgen ist, erzwingt die Art der Ichbeteiligung, die Sartre mit Hilfe der existentialistischen Idee der »freien Wahl« interpretiert. Die Wahrheit hinter diesem Konzept ist, daß das »schwache Ich« die antisemitische Ideologie zum Erhalt seiner selbst braucht, so fadenscheinig sie auch sein möge.[73] Dies ist in Sartres Bemerkung impliziert, eine beliebige Haßideologie verleihe dem Subjekt »einen Anschein von Existenz«.[74] Wer erklärt, er hasse die Juden leidenschaftlich oder, so Sartre, sei »engländerfeindlich«,[75] komme sich wie »jemand« vor, wie eine starke, unabhängige Person mit spezifischen Distinktionsmerkmalen, ein robustes Individuum,[76] mit dem man zu rechnen habe. Diese offensichtliche und extreme Reaktionsbildung auf Ichschwäche entbehrt jeder wahren Substanz, weil sie kein Primärvorgang, sondern ein Abwehrmechanismus im engsten Sinne des Wortes ist. Nicht zufällig nimmt Sartre

sich in der Übertragung. Vgl. in diesem Sinne Sartre, *Überlegungen zur Judenfrage*, 15.]

72 [Ebd., 14.]

73 [Vgl. dazu die qualitative Auswertung der Interviews: Adorno, in: Adorno u. a., *Studien zum autoritären Charakter*, 129.]

74 [Sartre, *Überlegungen zur Judenfrage*, 35.]

75 [Ebd.]

76 [Adorno verwendet hier den englischen Begriff *rugged*. Sartre nennt dieses Individuum französisch *terrible*: schrecklich, »furchterregend«, vgl. ebd. 16.]

da eine positive Haltung zur Psychoanalyse ein, wo er die Ambivalenz des Antisemiten in dessen Vorstellungen von der Jüdin erörtert.[77] Die meisten Erfahrungen, die er in der Sprache des Existentialismus beschreibt, können in der Sprache der Psychoanalyse ausgedrückt werden, unter Vermeidung des Denkfehlers, metaphysische Konzeptionen, die nie direkt auf empirische Befunde angewendet werden können, mit Intuitionen von rein psychologischer Substanz kurzzuschließen. Entsprechendes ließe sich mit Blick auf den gesellschaftlichen Aspekt von Sartres Theorie sagen. Sartre bemerkt, »daß der Antisemit, um die Welt zu verstehen, auf das synthetische Denken zurückgreift. Das synthetische Denken erlaubt ihm, sich in einer unauflösbaren Einheit mit Frankreich als Ganzem zu sehen.«[78] Das läuft in der Tat auf unsre eigene Konstruktion heraus, der Antisemitismus habe die Funktion, eine ansonsten opake, entfremdete gesellschaftliche Wirklichkeit zu durchdringen. In unseren Kategorien wäre das Moment der Entscheidung, das Sartre so stark betont, in dem Sinne zu interpretieren, daß das paranoide System, an das die Antisemiten sich verzweifelt und kollektiv klammern, in Wirklichkeit der Konstruktion einer Pseudorealität dient, die als »geschlossenes System« des Wahns unwiderlegbar ist und so ein hohes Maß an geistiger Gewißheit bietet. Um Sartre zu zitieren: »Wie kann man aber wählen, falsch zu schlußfolgern? Man tut es, wenn man sich nach Abgeschlossenheit sehnt.«[79]

Am Ende seiner Studie spürt Sartre das Hauptmerkmal des faschistischen Charakters, die Ambivalenz zwischen autoritärer Unterwürfigkeit und destruktiver Rebellion auf.[80] Er weiß, daß zur faschistischen Charakterstruktur das Bedürfnis nach Exzessen gehört, vorausgesetzt, sie tragen das Siegel der gesellschaftlichen Billigung, eine Einstellung, die im übrigen psychologisch mit der

77 [Vgl. Sartre, *Überlegungen zur Judenfrage*, 33, über den erotischen Symbolwert der »schönen Jüdin« in der Literatur.]

78 [Ebd., 24.]

79 [Ebd., 15.]

80 [Man vergleiche folgende Passage Sartres: Der Antisemit »ist ein Feigling, der sich seine Feigheit nicht eingestehen will; ein Mörder, der seine Mordlust verdrängt und zensiert […]; ein Unzufriedener, der sich nicht aufzulehnen wagt aus Angst vor den Folgen seiner Auflehnung« (ebd, 35). Vgl. Arons Auswertung des Thematic Apperception Tests, in: Adorno u. a., *The Authoritarian Personality*, 504, und Adornos Abschnitt »Der Rebell und der Psychopath«, ebd., 328-331.]

Externalisierung des Über-Ichs identisch ist, die wir in verschiedenen Zusammenhängen erörtert haben.[81]

(5) Allgemeine Bemerkungen zur psychologischen Theorie des Antisemitismus

Herbert Apthekers Kritik[82] an Gunnar Myrdals großer Studie *An American Dilemma*[83] beruht auf Myrdals Prämisse, das Problem der amerikanischen Neger[84] sei ein Problem »im Herzen des Amerikaners«, daß »gesellschaftliche Trends ihre Hauptbedeutung für den Status des Negers aufgrund dessen gewännen, was in den Köpfen

81 [In den qualitativen Interviewanalysen beschrieb Adorno diesen Prozeß als Enteignung des Über-Ichs: »Es ist, als ob die inneren Kräfte des Vorurteils, nachdem sie die Gegenkräfte überwältigt haben, ihren Sieg dadurch krönen würden, daß sie die widerstrebenden Energien sich selbst dienstbar machen. Das Über-Ich wird zum Sprecher des Es – eine dynamische Konstellation übrigens, die der Psychoanalyse nicht ganz fremd ist.« Adorno in: Adorno u. a., *Studien zum autoritären Charakter*, 139.]

82 [Vgl. Herbert Aptheker,] *The Negro People in America[n History. A Critique of Gunnar Myrdal's »An American Dilemma«*, New York 1946. Die Kritik Apthekers war deshalb so bemerkenswert, weil Myrdals Pionierstudie bis dahin fast einmütig als Meilenstein in der Analyse des Problems betrachtet worden war. Der marxistische US-Historiker Herbert Aptheker gehört zu den wichtigsten Pionieren auf dem Gebiet der Geschichte der Afroamerikaner. Er edierte u. a. die Schriften des Soziologen W.E.B. DuBois zu einer Soziologie von Afroamerikanern. Zum Ansatz Myrdals: »Myrdal explicitly repudiates a materialist concept«, ebd., 20.]

83 [Vgl. Gunnar Myrdal u. a., *An American Dilemma. The Negro Problem and Modern Democracy*, New York, London 1944. Der Schwede Gunnar Myrdal leitete 1938-1942 ein empirisches Großprojekt über die soziale Lage der Schwarzen, ihre soziale und politische Diskriminierung und die Implikationen für die Verfassung der Demokratie in den USA. Die umfangreiche Studie, die unter der Mitarbeit von Richard Sterner und Arnold Rose entstand, wurde von der Carnegie Foundation in Auftrag gegeben und finanziert. Die »stets propagierte Idee des Textbuchs à la Myrdal« war ein Vorbild des Instituts für Sozialforschung, als es um die Planung der Antisemitismus-Projekte ging. Vgl. Brief Horkheimers an Adorno, 21. 1. 1945, in: Theodor W. Adorno, Max Horkheimer, *Briefwechsel 1945-1949*, hg. v. Christoph Gödde u. Henri Lonitz, Frankfurt/M. 2005, 32.]

84 [Der heute pejorative Begriff »Negro«/»Neger« war noch bis in die 1960er Jahre Selbst- und Fremdbezeichnung. Vgl. »The New Negro«, die berühmte Avantgardebewegung der Harlem-Renaissance der 1920er Jahre, wo er explizit als Eigenbegriff verwendet wurde. Der Begriff wird hier beibehalten, da es sich um einen historischen Text handelt.]

der Weißen vorgehe«.[85] Der Kern der Argumentation Apthekers ist, daß das »Negerproblem«, wenn man von den sozioökonomischen Bedingungen abstrahiert und es als ein im wesentlichen psychologisches Problem behandelt, seiner Brisanz beraubt wird. Aptheker hat ausreichende Belege für seine These, sowohl mit Blick auf bestimmte Aspekte der Arbeit Myrdals wie auch und insbesondere hinsichtlich seiner Wirkung auf die öffentliche Meinung – als könnte das Problem der Rassendiskriminierung durch den Einstellungswandel der Menschen und ohne wesentliche Veränderungen der gesellschaftlichen Verhältnisse gelöst werden.[86]

Unser eigener Ansatz ist insofern vor allem psychologisch, als er jenseits der Ebene der Ideologie auf die motivierenden Kräfte sich bezieht. Doch behaupten wir nicht, Antisemitismus wäre primär als Sache der »gentilen Geisteshaltung« zu verstehen. Um diese scheinbare Unstimmigkeit und unsere Haltung zur »psychologischen Theorie« des Antisemitismus zu klären, können folgende Bemerkungen dienen.

Ähnlich wie Sartres Exposé, das mit gutem Grund »Portrait of the Anti-Semite« und nicht »Psychology of Anti-Semitism« betitelt ist, unterscheiden wir zwischen Antisemitismus als objektivem gesellschaftlichen Phänomen und dem Antisemiten als einem bestimmten Typus von Individualität. Dieser Charaktertypus kann psychologisch analysiert werden. Nicht der geringste der Gründe, weshalb wir uns entschieden haben, unsere Studie auf die Empfänglichkeit für das antisemitische Credo und weniger auf das offene Bekenntnis zu konzentrieren, war die Hoffnung, den Charaktertypus und die subjektiven Prädispositionen des faschistischen Mitläufers klar umreißen zu können, auch wenn die Entscheidung, ob ein solches Individuum tatsächlich einer Bewegung sich anschließen wird, nicht allein auf psychologischen Grundlagen getroffen wird. Dazu gehören objektive Faktoren, die der einzelne durch die sich wandelnden politischen und wirtschaftlichen Situationen zu spüren bekommt, denen er ausgeliefert ist. Man kann das objektive Phänomen des heutigen Antisemitismus mit seinen weit

85 [Aptheker, *The Negro Problem*, 20.]

86 [Afroamerikaner wurden in den *Studies in Prejudice* von Bruno Bettelheim u. Morris Janowitz und in *Antisemitism among American Labor* im Zusammenhang mit der Vorurteilsfrage behandelt, waren aber nicht Gegenstand einer systematischen Studie des Instituts für Sozialforschung.]

zurückreichenden historischen Wurzeln und gesellschaftlichen und ökonomischen Implikationen unmöglich auf die Mentalität derer reduzieren, die, um mit Sartre zu sprechen, in dieser Frage ihre Wahl getroffen haben. Heutzutage sind alle und jeder mit einer ungeheuren Masse von objektiv existierenden Vorurteilen, Diskriminierungen und manifesten antisemitischen Einstellungen konfrontiert. Die akkumulierte Macht dieses objektiven Komplexes ist so gewaltig und befindet sich offenkundig so weit jenseits der individuellen Widerstandskräfte, daß man wirklich fragen könnte, weshalb jemand *nicht* antisemitisch ist, statt zu fragen, weshalb manche es sind. Es wäre nachgerade naiv, eine Prognose zum Antisemitismus, dieser wahrlich »sozialen« Krankheit, auf Basis der Diagnose einzelner Patienten abgeben zu wollen. Selbst ihre persönliche Einstellung – von den Zukunftsaussichten des Faschismus nicht zu reden, der diese Einstellung unter Umständen nur geringfügig berührt – kann durch ihre spezifische Mentalität erklärt werden. Dieser Umstand macht den Ansatz einer sozialpsychologischen Untersuchung wie der unsren plausibel. Sie liefert Messungen und qualitative Einschätzungen potentieller Reaktionen, zu denen es kommen dürfte, sollte die Lage infolge massiver wirtschaftlicher Verwerfungen oder der zunehmenden gesellschaftlichen »Respektabilität« des Antisemitismus sich ändern. Sie zeigt auch, wie und in welchem Umfang die objektiven gesellschaftlichen Kräfte, die den Antisemitismus fördern, nicht nur von außen, sondern tatsächlich im Innern des Individuums wirken, und sie erlaubt die Annahme, daß die »H« auf gefährliche Weise den Geist der Zeit anzeigen, der für weite Teile der Bevölkerung repräsentativ ist. Diese Erkenntnis ist von großer Bedeutung. Sie sollte jegliche Illusionen entlarven, die womöglich von seiten der Abwehrorganisationen bestehen, daß es sich beim Antisemitismus um ein Übel handle, das von außen mit Propagandatricks in die unschuldigen Köpfe der Bevölkerung befördert wurde – eine Naivetät, die nur der vergleichbar ist, mit der man sich weigerte, den Ernst der antisemitischen Bedrohung in Deutschland anzuerkennen, weil sie in einem so vollkommenen Mißverhältnis zum allgemeinen Stand der erreichten Aufklärung im Land zu stehen schien. Gleichwohl geht es uns nicht um eine »Psychologie des Antisemitismus«; eine solche halten wir für unmöglich. Wir können lediglich aus bestimmten anthropologischen Kulturtrends einige Extrapolationen ableiten und freilich gewisse

Annahmen zum subjektiven Widerstand gegen den Faschismus erhärten, auf den wir möglicherweise hoffen können.[87] Es versteht sich von selbst, daß wir den menschlichen Faktor lediglich für ein Element unter anderen des sozioökonomischen Prozesses halten, der den Faschismus aus sich erzeugt.

Dies wirkt sich in gewisser Weise auf unseren psychologischen Ansatz aus. Es sollte klar geworden sein, daß wir die Psychologie nicht sozusagen soziologisieren. Sämtliche der Freudschen Psychoanalyse entliehenen Konzepte und Hypothesen beziehen sich auf das dynamische Charaktermodell. Allerdings arbeiten wir nicht mit spezifisch psychoanalytischen Theorien des Antisemitismus, etwa Freuds Konstruktion eines wiederkehrenden Musters des Mordes am Vater der Urhorde, der Tötung des ägyptischen Moses und der Tötung Christi, oder der (von Freud und Fenichel) entwickelten Erklärung des Antisemitismus durch den Kastrationskomplex und das »Unheimliche« der Beschneidung.[88] Solche Thesen tendieren dazu, die Entstehung des Antisemitismus genetisch auf psychologische Ereignisse, ja, man möchte fast sagen isolierte »Traumata« mittels einer recht dogmatischen Analogie zwischen individueller Ätiologie und gesellschaftlicher Kausalität zu reduzieren. Diese Naivetät verleiht Konstrukten, die die Phänomene des objektiven Geistes und der gesellschaftlichen Wirklichkeit wie Neurosen behandeln, die sich anhand von bestimmten Primärerfahrungen verstehen lassen könnten, etwas Apokryphes und Wirres. Mehr noch, den Antisemitismus ausschließlich als einen Schuld- und Kastrationskomplex zu erklären erweist der emotionalen Erfahrung des Antisemiten zu viel der Ehre: Es interpretiert den Judenhaß als etwas Spezifischeres, »Echteres« und Substantielleres, als er es tatsächlich ist. Der antisemitische Persönlichkeitstyp weist bestimmte neurotische oder Ernst Simmel zufolge psychotische Eigenschaften

87 [Vgl. das Vorwort zu *The Authoritarian Personality*, in: Adorno u. a., *Studien zum autoritären Charakter*, 10. Die Frage der Widerstandsfähigkeit war bereits in *Antisemitism among American Labor*, 799-801, behandelt worden und mehr als fünfzehn Jahre zuvor zentraler Aspekt in der IfS-Studie, die Fromm betreute und Bonß posthum herausgab: *Arbeiter und Angestellte am Vorabend des Dritten Reiches*.]

88 [Vgl. Sigmund Freud, *Totem und Tabu* ‹1912/13›, in: ders., *Gesammelte Werke*, Bd. IX; ders., *Das Unbehagen in der Kultur*, bes. 459 f.; ders., *Das Unheimliche*; ders., *Der Mann Moses und die monotheistische Religion*; Fenichel, »Elemente einer psychoanalytischen Theorie des Antisemitismus«, 46 f.]

auf,[89] doch können sie nicht aus wirklichen Erfahrungen mit Juden abgeleitet werden. Die Suche nach solchen Erfahrungen würde die Analyse in eine gefährliche Nähe zu methodologisch wilden Phantastereien rücken. Würde man die Psychologie des Antisemiten bis ins Extrem verfolgen, müßte sie am Ende einen Punkt erreichen, an dem die gesellschaftliche Unterdrückung von außen und die subjektiven Mechanismen der psychologischen Verdrängung von innen koinzidieren. Diese Analyse würde zweifelsohne Kastrationsangst und Schuldgefühle einbeziehen, die auf den imaginierten Vatermord zurückgehen, und es ist ebenso richtig, daß diese Komplexe sich aus historischen und mythologischen Erinnerungen speisen. Dennoch wäre es unverantwortlich, höchst dubiose historische Ereignisse wie den Tod des Moses – mit dem wahrscheinlich eher ein kollektives Kürzel als ein Individuum bezeichnet ist – als buchstäblich empirische Realität zu behandeln, aus der gesellschaftliche Einstellungen und psychologische Komplexe sich ableiten ließen. Wir sind dem Freud verpflichtet, der die Theorie des Unbewußten und der Verdrängung, des Es, Ichs und Über-Ichs entwickelt hat – nicht dem Anthropologen Freud.

Während sich dieser Vorbehalt gegenüber dem psychoanalytischen Ansatz auf die archaischen Anfänge des Menschen bezieht, bezieht sich ein anderer auf seine letzte Phase – man könnte fast sagen, auf das Ende der Psychologie des Antisemiten. Die Unfähigkeit des auf den Skalen hoch eingestuften Persönlichkeitstypus, »Erfahrungen zu machen«, sie an sich heranzulassen, seine Akzeptanz (zugleich starr und beweglich) vorgegebener ideologischer Muster, die Schwäche seiner Fähigkeit zur Selbstintegration – all das hat unsere Studie herausgearbeitet. Die Verbindung der Eigenschaften, die man als Mißlingen der Individuation bezeichnen könnte, könnte sich als das entscheidende Merkmal des Syndroms der »H« erweisen. Es deutet auf eine historische Tendenz hin, die weniger die Individualpsychologie des einzelnen als den *locus* der Psychologie schlechthin betrifft. Es ist der Verfall der Individualität durch den Niedergang des freien Wettbewerbs und der Marktwirtschaft. Wenn das Individuum im Sinne eines Equilibriums von Es, Ich und Über-Ich nicht mehr als charakteristische Gegenwarts-

89 [Vgl. Ernst Simmel, »Antisemitismus und Massen-Psychopathologie« ‹1946›, in: ders., (Hg.), *Antisemitismus*, 52-87, bes. 57.]

gestalt des modernen Menschen betrachtet werden kann, könnte die Psychologie veralten, da individuelle Handlungen nicht mehr adäquat in Begriffen des psychischen Haushalts des Individuums zu erklären sind. Es ist kein Zufall, daß Freuds Theorie in der zweiten Hälfte des 19. Jahrhunderts entstand, als sich die Individualität als soziale Kategorie auf ihrem Höhepunkt befand. Es ist ebenfalls kein Zufall, daß die klassischen Übertragungsneurosen, anhand deren Freud seine Theorie entwickelte, zu verschwinden scheinen und allmählich durch narzißtische Konflikte ersetzt werden, deren Therapie die revisionistischen Schulen der Psychoanalyse inspiriert. Wenn das Individuum sich nicht mehr durch die Betonung seiner Unabhängigkeit und Stärke erhalten kann, wenn es sich nur durchsetzen kann, indem es kollektiven Mächten sich unterwirft, ist das klassische Wechselspiel von Ich, Über-Ich und Es fundamental beeinträchtigt und die alte Definition des Realitätsprinzips durch die Ausbildung des starken Ichs nicht mehr wahr. Auch wenn wir auf diese Veränderungen und die Art und Weise, wie sie sich auf den konzeptionellen Rahmen der Psychoanalyse auswirken könnten, nicht eingehen können, können wir zumindest die Hypothese wagen, daß die Psychologie des gegenwärtigen Antisemiten gewissermaßen das Ende der Psychologie selbst voraussetzt; aus diesem Grund kann sie psychologisch nicht ausreichend beschrieben werden. Womit wir hier konfrontiert sind, ist nicht der alte Judenhaß als distinkte emotionale Macht. Es ist die Bereitschaft eines bestimmten Typs von Mensch, mechanisch ideologische Muster zu übernehmen, »Tickets«, die antisemitische Slogans zwar beinhalten, aber nicht mehr von antisemitischen Reaktionen *per se* ausgelöst werden.[90] Diese Bereitschaft ist das subjektive Gegenstück

90 Siehe Max Horkheimer und T. W. Adorno, »Elemente des Antisemitismus«. [Adorno verwies hier auf These VII der »Elemente des Antisemitismus«, die der hektographierten Fassung von 1944 für die Drucklegung 1947 nachträglich eingefügt wurde: »Antisemitismus war noch ein konkurrierendes Motiv in subjektiver Wahl. Die Entscheidung bezog sich spezifisch auf ihn. In der Annahme der völkischen These freilich war immer schon das ganze chauvinistische Vokabular mitgesetzt. Seit je zeugte antisemitisches Urteil von Stereotypie des Denkens. Heute ist diese allein übrig. Gewählt wird immer noch, aber einzig zwischen Totalitäten. Anstelle der antisemitischen Psychologie ist weithin das bloße Ja zum faschistischen Ticket getreten, dem Inventar der Parolen der streitbaren Großindustrie. Wie auf dem Wahlzettel der Massenpartei dem Wähler von der Parteimaschine die Namen derer oktroyiert werden, die seiner Erfahrung entrückt

zur objektiven Transformation des Antisemitismus in ein reines Steuerungsmittel. Man könnte sagen, daß unsere Zeiten des totalitären Antisemitismus und des Genozids den »spontanen« Antisemitismus nicht mehr kennen, und möglicherweise macht gerade die Abwesenheit einer authentischen und spezifischen Gefühlsbasis ihn so gnadenlos (man denke an die Ära der Gegenreformation, in der die religiöse Verfolgung und die Hexenjagd besonders grausam waren, weil die religiösen Lehren, in deren Namen die Verfolgung geschah, keine Substanz mehr hatten). Es mag eine Funktion unsrer Studie sein, auf die Grenzen psychologischer Determinanten für den modernen Menschen und ihre Ersetzung durch eine allmächtige soziale Anpassung hinzuweisen, die, psychologisch gesehen, regressiv ist und die dem Konzept der Behavioristen vom Menschen als einem Bündel konditionierter Reflexe nahekommt. Das Syndrom der »H« muß im Licht dieser totalen Regression betrachtet werden. Für das Gelingen der sozialen Anpassung schwört das vorurteilsgeleitete Individuum der Idee seiner eigenen Individualität ab, eine Tendenz, die sich der Einsicht Sartres annähert, der Antisemit habe Angst »vor sich selbst, vor seinem Bewußtsein, vor seiner Freiheit, vor seinen Trieben, vor seiner Verantwortung, vor der Einsamkeit, vor der Veränderung, vor der Gesellschaft und der Welt; vor allem, außer vor den Juden«.[91] Diese letzte Aussage drückt die ultimative Unwirklichkeit des Judenhasses als solche aus. Diese Unwirklichkeit erzeugt eine Hoffnung darauf, der Antisemitismus könne mit dem Verschwinden der »Psychologie des Antisemiten« verschwinden.

Heutzutage tendieren die Menschen dazu, in »soziale Agenturen« verwandelt zu werden und die Eigenschaften der Unabhängigkeit und Resistenz zu verlieren, die das alte Konzept vom Individuum beinhaltete. Die traditionelle Dichotomie zwischen objektiven sozialen Kräften und Individuen, an der wir methodologisch festhalten, verliert somit etwas an Substanz. Je mehr die Menschen »sozialisiert«, das heißt durch totale Anpassung an die Gesellschafts-

sind und die er nur en bloc wählen kann, so sind die ideologischen Kernpunkte auf wenigen Listen kodifiziert.« Horkheimer, Adorno, *Dialektik der Aufklärung*, 231. Adorno und Horkheimer übernahmen den amerikanischen Begriff *ticket* (Wahlliste) von Massing, der ihn in *Antisemitism among American Labor* einführte (ebd., 859-860).]

91 [Sartre, Überlegungen zur Judenfrage, 35.]

struktur gemodelt werden, desto mehr Ergebnisse – relevant für das Wesen der Gesellschaft als solcher – können mit der Analyse der Mitglieder dieser Gesellschaft gewonnen werden. Die prästabilierte Harmonie zwischen der Gesellschaft im Ganzen und denen, die sie umfaßt, schwächt die Bedeutung der Unterscheidung zwischen der Analyse objektiver ökonomischer Gründe (Stimuli) und subjektiven Reaktionen. Wenn auch die kausale Priorität immer noch den objektiven Strukturelementen eignet, zwingt diese nicht mehr dazu, die objektive »Produktionssphäre« zum Ausgangspunkt der Analyse zu machen. Falls unsre Gesellschaft sich tatsächlich im Prozeß der Verwandlung in ein Gesamtsystem befindet, so daß dem Individuum immer weniger Fluchtmöglichkeiten bleiben und das Nichtsoziale immer weniger toleriert wird, macht es keinen besonderen Unterschied mehr, ob man mit der Analyse der ökonomischen Kräfte oder der des Menschen beginnt. Alle Wege führen ins Zentrum, da die soziale Dynamik die Institutionen nicht weniger als die Individuen betrifft; letztere sind das Produkt dieser Dynamik. Das ist die Hypothese hinter unserer Behauptung, daß die Mechanismen, denen die Individuen von außen immerzu unterworfen sind, in den Tiefen dieser Individuen wiederzufinden sind.

Angesichts des Wesens der faschistischen Bedrohung spricht viel für den subjektiv gerichteten Ansatz. Die moderne Gesellschaft ist eine Massengesellschaft. Das bezieht sich nicht nur auf die ungeheure quantitative Zunahme der Weltbevölkerung im Industriezeitalter. Es hat auch qualitative Konnotationen. Das gesamte Muster der heutigen Kultur ist in einer Weise vorgeformt, die die Massen durch standardisierte Lebensformen »integriert«, die nach dem Modell der industriellen Massenproduktion konstruiert ist und ihre Wünsche und Bedürfnisse direkt oder indirekt erfüllt. Die gewaltige Zunahme sozialer Kontrolle über die Massen heutzutage entspricht dem Druck, den die Massen ihrerseits potentiell auf die Gesellschaftsstruktur ausüben können. Bevölkerungen werden *en masse* behandelt, weil sie keine »Massen« im alten Sinne des Wortes mehr sind.[92] Sie werden als Objekte aller möglichen Arten von gesellschaftlichen Organisationen manipuliert, einschließlich ihrer

92 [Vgl.: »Masse«, in: Institut für Sozialforschung (Hg.), *Soziologische Exkurse*, 70-82. Im alten Sinne des Wortes wären spontane Massenbildungen gemeint, also der Pöbel oder Mob.]

eigenen, weil ihr Dasein als bloßes Objekt problematisch geworden ist, seitdem sie – durch die technische Zivilisation – in ein Stadium der Aufklärung eingetreten sind, durch das sie zu wirklichen Subjekten werden könnten, wären die Kontrollmechanismen einmal überwunden. Noch die rücksichtsloseste Form der Unterdrückung mußte auf die unterdrückten Massen Rücksicht nehmen. Wie Otto Kirchheimer betont hat, repräsentierten Wirtschaft und Politik der Nazis nicht einfach die Interessen der herrschenden Gruppen; es gab kompromißhafte Züge.[93] Die Massen werden unablässig von oben gemodelt; sie müssen gemodelt werden, will man sie bei der Stange halten. Die überwältigende Maschinerie der Propaganda und der Kulturindustrie beweist die Notwendigkeit dieses Apparats zur Perpetuierung einer Ordnung, deren Potentiale über den Status quo hinausgewachsen sind. Da dieses Potential zugleich das Potential des wirksamen Widerstands gegen den faschistischen Trend ist, ist es zwingend, die Mentalität derer zu untersuchen, auf die die gesellschaftliche Dynamik einwirkt. Wir müssen sie nicht nur analysieren, weil diese Dynamik in ihnen sich widerspiegelt, sondern vor allem, weil sie deren immanente Antithese sind.

Aus dem Englischen von Eva-Maria Ziege

93 [Vgl. Kirchheimer, Otto, »Changes in the Structure of Political Compromise«, in: *Studies in Philosophy and Social Science*, 9 (1941), 264-289 (dt.: »Strukturwandel des politischen Kompromisses«, in: Max Horkheimer u. a., *Wirtschaft, Recht und Staat im Nationalsozialismus. Analysen des Instituts für Sozialforschung 1939-1942*, hg. von Alfons Söllner u. Helmut Dubiel, Frankfurt/M. 1981, 285-313.]

Wissenschaftliche Erfahrungen in Amerika

Eine amerikanische Anregung hat mich bewogen, etwas von den geistigen Erfahrungen festzuhalten, die ich drüben machte. Vielleicht wird dadurch, von einem Extrem her, auch über das minder Exponierte ein wenig Licht verbreitet. Daß ich, vom ersten bis zum letzten Tag, mich als Europäer empfand, habe ich nie verleugnet. An der geistigen Kontinuität festzuhalten, war mir selbstverständlich und artikulierte sich mir in Amerika rasch genug zu vollem Bewußtsein. Ich erinnere mich noch des Schocks, den mir eine Emigrantin wie wir in der New Yorker Anfangszeit bereitete, als sie, Tochter aus sogenanntem guten Hause, erklärte: »Früher ist man ins philharmonische Konzert gegangen, jetzt geht man ins Radio City.« In nichts mochte ich es ihr gleichtun. Durch Naturell und Vorgeschichte war ich zur Anpassung in geistigen Dingen denkbar ungeeignet. So wenig ich verkenne, daß anders als durch Anpassungs- und Sozialisierungsprozesse hindurch geistige Individualität überhaupt nicht sich bildet, so sehr halte ich es andererseits für die Verpflichtung und den Beweis von Individuation, daß sie über Anpassung hinausgeht. Durch die Mechanismen von Identifikation mit Ichidealen hindurch muß sie von dieser Identifikation sich emanzipieren. Dies Verhältnis von Autonomie und Anpassung ward von Freud früh erkannt und ist unterdessen dem amerikanischen wissenschaftlichen Bewußtsein vertraut. Kam man aber vor dreißig Jahren herüber, so war das nicht ebenso. Adjustment war noch ein Zauberwort, zumal dem gegenüber, der als Verfolgter aus Europa flüchtete, und von dem man ebensowohl erwartete, daß er in dem neuen Land sich qualifizierte, wie daß er nicht hochmütig bei dem sich versteifte, was er nun einmal war.

Die mir durch meine ersten vierunddreißig Jahre vorgezeichnete Richtung war durchaus spekulativ, das Wort einmal im schlichten, vorphilosophischen Sinn genommen, obwohl es bei mir mit philosophischen Intentionen sich verband. Ich empfand es als mir gemäß und als objektiv geboten, Phänomene zu *deuten*, nicht Fakten zu ermitteln, zu ordnen, zu klassifizieren, gar als Information zur Verfügung zu stellen; nicht nur in der Philosophie sondern auch in der Soziologie. Bis zum heutigen Tag habe ich beides nie rigoros getrennt, so gut ich auch weiß, daß hier wie dort Spezialisierung nicht durch einen bloßen Willensakt rückgängig gemacht werden kann. Die Abhandlung ›Zur gesellschaftlichen Lage der Musik‹ etwa, die ich als Frankfurter Privatdozent 1932 in der Zeitschrift für Sozialforschung veröffentlichte, und an die all meine späteren musiksoziologischen Studien sich anschlossen, war schon durchaus theoretisch orientiert, getragen von der Vorstellung einer in sich antagonistischen Totalität, die auch in der Kunst »erscheint« und auf welche die Kunst zu interpretieren ist. Ein Typus von Soziologie, für den eine solche Art von Denken allenfalls den Wert von Hypothesen, nicht aber den von Erkenntnis hatte, war mir konträr. Andererseits kam ich, so hoffe ich wenigstens, nach Amerika als ein von Nationalismus und kultureller Arroganz völlig Freier. Die Problematik des traditionellen, zumal deutschen, geisteswissenschaftlichen Kulturbegriffs war mir viel zu evident geworden, als daß ich solchen Anschauungen länger mich anvertraut hätte. Das aufklärerische Moment auch im Verhältnis zur Kultur, im amerikanischen geistigen Klima selbstverständlich, mußte mich aufs stärkste berühren. Überdies war ich voll von Dankbarkeit für die Rettung vor der Katastrophe, die bereits 1937 sich abzeichnete: ebenso willig, das Meine zu tun, wie entschlossen, mich nicht aufzugeben. Die Spannung von beidem dürfte einigermaßen umschreiben, wie ich zur amerikanischen Erfahrung mich verhielt.

Im Herbst 1937 erhielt ich von meinem Freund Max Horkheimer, vor der Hitlerzeit Direktor des Instituts für Sozialforschung an der Frankfurter Universität, das er nun in Verbindung mit der Columbia University in New York fortführte, ein Telegramm nach London, es bestünde die Möglichkeit meiner raschen Übersiedlung nach Amerika, wenn ich bereit wäre, an einem Radioprojekt mitzuarbeiten. Nach kurzem Überlegen sagte ich telegraphisch zu. Ich wußte nicht einmal so recht, was ein Radioprojekt sei; der amerikanische Gebrauch des Wortes »project«, das heutzutage in Deutschland etwa mit »Forschungsvorhaben« übersetzt wird, war mir unbekannt. Ich war nur dessen gewiß, daß mein Freund mir den Vorschlag nicht gemacht hätte, wäre er nicht der Überzeugung gewesen, daß ich, von Fach Philosoph, die Aufgabe bewältigen könnte. Vorbereitet darauf war ich nur durch weniges. In drei Jahren in Oxford hatte ich zwar autodidaktisch, aber doch einigermaßen anständig Englisch gelernt. Im Juni 1937 dann war ich, auf Einladung von Horkheimer, für ein paar Wochen in New York gewesen und hatte immerhin einen ersten Eindruck gewonnen. In der Zeitschrift für Sozialforschung 1936 hatte ich eine soziologische Interpretation des Jazz publiziert, die zwar empfindlich an dem Mangel spezifisch amerikanischer Kenntnisse krankte, aber wenigstens in einem Material sich bewegte, das als charakteristisch amerikanisch gelten mochte. Eine gewisse Kenntnis amerikanischen Lebens, insbesondere der musikalischen Verhältnisse drüben, dürfte ich mir rasch und intensiv erworben haben; da gab es wenig Schwierigkeiten.

Der theoretische Kern jener Arbeit über Jazz stand in wesentlicher Beziehung zu späteren sozialpsychologischen Untersuchungen, auf die ich mich einließ. Manche meiner Theoreme fand ich durch amerikanische Kenner wie Winthrop Sargeant bestätigt. Dennoch hatte jene Arbeit, obwohl sie sich dicht an die musikalischen Sachverhalte heftete, nach amerikanischen Begriffen von Soziologie den Makel des Unbewiesenen. Sie verblieb im Bereich des auf Hörer einwirkenden Materials, des »Stimulus«, ohne daß ich mich mit den Methoden statistischer Erhebung auf die other side of the fence begeben hätte oder hätte begeben können. Dadurch provozierte ich den Einwand, den ich nicht zum letzten Mal hören sollte: »Where is the evidence?«

Schwerer wog eine gewisse Naivetät der amerikanischen Situation gegenüber. Wohl wußte ich, was Monopolkapitalismus, was die großen Trusts sind; nicht jedoch, in welchem Maß rationelle Planung und Standardisierung die sogenannten Massenmedien, und damit den Jazz, dessen Derivate an ihrer Produktion einen so erheblichen Anteil haben, durchdrangen. Ich nahm tatsächlich noch den Jazz als die unmittelbare Äußerung hin, als die er sich selbst so gern propagiert, und gewahrte nicht das Problem einer angedrehten, manipulierten Schein-Spontaneität, das des »aus zweiter Hand«, das mir dann in der amerikanischen Erfahrung aufging und das ich später, tant bien que mal, zu formulieren suchte. Als ich, fast dreißig Jahre nach ihrer ersten Publikation, die Arbeit ›Über Jazz‹ wieder drucken ließ, stand ich zu ihr sehr distanziert. Darum konnte ich außer ihren Schwächen auch das bemerken, was sie etwa taugt. Gerade dadurch, daß sie ein amerikanisches Phänomen nicht mit jener Selbstverständlichkeit wahrnimmt, die es in Amerika besitzt, sondern, wie man heutzutage etwas gar zu behend in Deutschland auf Brechtisch sagt, es »verfremdete«, bestimmte sie Züge, die von der Vertrautheit des Jazz-Idioms allzu leicht verdeckt werden, und die für das Phänomen wesentlich sein mögen. In gewissem Sinn ist solche Verschränkung von Outsidertum und unbefangener Einsicht wohl für all meine Arbeiten über amerikanisches Material charakteristisch.

Als ich im Februar 1938 von London nach New York übersiedelte, war ich die Hälfte meiner Zeit für das Institut für Sozialforschung tätig, die Hälfte für das Princeton Radio Research Project. Das letztere wurde geleitet von Paul F. Lazarsfeld, als Mitdirektoren standen ihm Hadley Cantril und Frank Stanton, damals noch Research Director des Columbia Broadcasting System, zur Seite. Ich selbst sollte die sogenannte Music Study des Projekts dirigieren. Dank meiner Zugehörigkeit zum Institut für Sozialforschung war ich nicht derart dem unmittelbaren Konkurrenzkampf, und dem Druck von außen gesetzter Forderungen, exponiert, wie es sonst wohl zu gehen pflegt; ich hatte die Möglichkeit, eigene Intentionen zu verfolgen. Dem Problem der Doppeltätigkeit suchte ich durch eine gewisse Kombination dessen gerecht zu werden, womit ich hier und dort wissenschaftlich mich beschäftigte. In den theoretischen Texten, die ich damals für das Institut schrieb, formulierte ich die Gesichtspunkte und Erfahrungen, die ich in dem Radio Project verwerten wollte. Es handelte sich dabei, zunächst, um den Essay ›Über den Fetischcharakter in der Musik und die Regression des Hörens‹, der bereits 1938 in der Zeitschrift für Sozialforschung erschien, heute in dem Band ›Dissonanzen‹ zu lesen ist, und um den Abschluß des bereits 1937 in London begonnenen Buches über Richard Wagner, aus dem wir einige Kapitel 1939 in der Zeitschrift für Sozialforschung brachten, während das Ganze 1952 im Suhrkamp Verlag veröffentlicht wurde. Der Abstand dieses Buches von den empirisch-musiksoziologischen Publikationen war beträchtlich. Trotzdem gehört es in den Gesamtkomplex meiner damaligen Arbeit hinein. Der ›Versuch über Wagner‹ trachtete, soziologische, technisch-musikalische und ästhetische Analysen derart miteinander zu verbinden, daß einerseits gesellschaftliche Analysen von Wagners »Sozialcharakter« und der Funktion seines Werks Licht werfen sollten auf dessen innere Zusammensetzung. Andererseits, und das schien mir wesentlicher, sollten innertechnische Befunde ihrerseits gesellschaftlich zum Sprechen gebracht, als Chiffren gesellschaftlicher Sachverhalte gelesen werden. Der Text über den Fetischcharakter aber wollte die frischen musikalisch-soziologischen Beobachtungen, die ich in Amerika machte, auf den Begriff bringen und etwas wie ein »frame of reference«, ein Bezugssystem, für die durchzuführenden Einzeluntersuchungen entwerfen. Gleichzeitig stellte die Abhandlung eine Art kritische Replik auf die kurz vorher in unserer Zeitschrift abgedruckte Arbeit von Walter Benjamin über das ›Kunstwerk im Zeitalter seiner technischen Reproduzierbarkeit‹ dar. Die Problematik der kulturindustriellen Produktion und der ihr zugeordneten Verhaltensweisen wurde darin unterstrichen, während Benjamin eben jene problematische Sphäre, wie mir schien, allzu ungebrochen zu »retten« trachtete.

Das Princeton Radio Research Project hatte sein Zentrum damals weder in Princeton noch in New York, sondern in Newark, New Jersey, und zwar, etwas improvisierender Weise, in einer unbenutzten Brauerei. Wenn ich dorthin fuhr, durch den Tunnel unter dem Hudson, kam ich mir ein wenig wie im Kafkaschen Naturtheater von Oklahoma vor. Freilich zog gerade die nach europäischen akademischen Sitten schwer vorstellbare Unbefangenheit in der Wahl der Lokalität mich sehr an. Mein erster Eindruck von den im Gang befindlichen Untersuchungen jedoch zeichnete sich nicht gerade durch viel Verständnis aus. Ich ging, auf Anregung Lazarsfelds, von Zimmer zu Zimmer und unterhielt mich mit den Mitarbeitern, hörte Worte wie »Likes and Dislikes Study«, »Success or Failure of a Programme« und ähnliches, worunter ich mir zunächst wenig vorstellen konnte. Doch begriff ich soviel, daß es sich um das Ansammeln von Daten handelte, die planenden Stellen im Bereich der Massenmedien, sei's unmittelbar der Industrie, sei's kulturellen Beiräten und ähnlichen Gremien zugute kommen sollten. Zum ersten Mal sah ich administrative research vor mir: ich weiß heute nicht mehr, ob Lazarsfeld diesen Begriff prägte oder ich in meinem Staunen über einen mir so gänzlich ungewohnten, unmittelbar praktisch orientierten Typus von Wissenschaft.

Jedenfalls hat Lazarsfeld später den Unterschied eines solchen administrative research von der kritischen Sozialforschung, wie unser Institut sie sich angelegen sein ließ, in einer Abhandlung dargelegt, die das der ›Kommunikationsforschung‹ gewidmete Sonderheft unserer Studies in Philosophy and Social Science 1941 einleitete. Im Rahmen des Princeton Project freilich war für kritische Sozialforschung wenig Raum. Dessen Charter, die von der Rockefeller Foundation stammte, stipulierte ausdrücklich, die Untersuchungen müßten sich im Rahmen des in den USA etablierten kommerziellen Radiosystems vollziehen. Das schloß ein, daß nicht dies System selbst, seine sozialen und ökonomischen Voraussetzungen und seine bildungssoziologischen Folgen analysiert werden dürften. Ich kann nicht sagen, daß ich an jene Charter mich strikt gehalten hätte. Keineswegs veranlaßte mich dazu die Begierde nach Kritik um jeden Preis, die einem schlecht angestanden hätte, der überhaupt erst mit dem sogenannten kulturellen Klima sich vertraut machen mußte. Vielmehr beunruhigte mich ein grundsätzliches methodologisches Problem – das Wort Methode mehr in seinem europäischen, erkenntniskritischen Sinn verstanden als in dem amerikanischen, demzufolge ja methodology beinahe soviel wie praktische Erhebungstechniken bedeutet. Ich war durchaus gesonnen, auf jene berühmte other side of the fence mich zu begeben, also Hörerreaktionen zu studieren, und weiß noch, wieviel Freude ich hatte, und wieviel ich lernte, als ich selbst, zu meiner Orientierung, eine Reihe von freilich recht wildwüchsigen, der Systematik entratenden Interviews durchführte. Unbehagen am bloßen Drauflosdenken hatte ich seit frühester Jugend verspürt. Es schien mir aber andererseits, und davon bin ich auch heute noch überzeugt: daß, im kulturellen Betrieb, in dem, was nach den Anschauungen von Wahrnehmungspsychologie bloßer Stimulus ist, ein seinerseits qualitativ Bestimmtes, Geistiges, seinem objektiven Gehalt nach Erkennbares vorliegt. Ich sträube mich dagegen, Wirkungen zu konstatieren und zu messen, ohne sie in Beziehung auf jene »Stimuli«, nämlich die Objektivität dessen zu setzen, worauf die Konsumenten der Kulturindustrie, hier also: die Radiohörer, reagieren. Was nach den Spielregeln des orthodoxen social research axiomatisch war, der Ausgang von den Reaktionsweisen der Probanden als von einem Primären, der letzten Rechtsquelle soziologischer Erkenntnis, schien mir ein durchaus Vermitteltes und Abgeleitetes. Oder, vorsichtiger: es wäre erst von der Forschung zu ermitteln gewesen, inwieweit derlei subjektive Reaktionen der Probanden tatsächlich so spontan und unmittelbar sind, wie die Probanden meinen, oder wieweit dahinter nicht nur die Verbreitungsmechanismen und die Suggestionskraft des Apparats, sondern auch die objektiven Implikationen der Medien und des Materials stehen, mit dem die Hörer konfrontiert werden – und schließlich weit übergreifende gesellschaftliche Strukturen, bis hinauf zu der der Gesamtgesellschaft. Allein jedoch, daß ich von objektiven Implikaten der Kunst ausging, anstatt von statistisch meßbaren Hörerreaktionen, kollidierte mit den positivistischen Denkgewohnheiten, wie sie in der amerikanischen Wissenschaft fast unbestritten galten.

Weiter behinderte mich, beim Übergang von der theoretischen Erwägung zur Empirie, etwas spezifisch Musikalisches: die Schwierigkeit, das, was Musik subjektiv im Hörer auslöst, zu verbalisieren, überhaupt die Dunkelheit dessen, was man so gern »Musikerlebnis« nennt. Eine kleine Maschine, der sogenannte program analyzer, die es erlaubte, durch Druck beim Ablauf eines Musikstücks zu bezeichnen, was einem gefiel und was nicht, und ähnliches, schien mir, trotz der scheinbaren Objektivität der Daten, zu denen sie verhalf, gegenüber der Komplexität des zu Erkennenden höchst unzulänglich. Jedenfalls hielt ich es für nötig, zunächst einmal in weitem Maß das zu betreiben, was man vielleicht mit musikalischer content analysis, der der Sache selbst – ohne daß dabei die Musik als Programmusik mißverstanden worden wäre –, bezeichnen könnte, ehe ich, wie man so sagt, ins Feld gehen mochte. Ich erinnere mich daran, wie verwirrt ich war, als mein unterdessen verstorbener Kollege Franz Neumann vom Institut für Sozialforschung, der Autor des ›Behemot‹, mich fragte, ob die Fragebogen der Music Study schon herausgeschickt wären, während ich noch kaum wußte, ob man den Fragen, die ich für essentiell hielt, mit Fragebogen überhaupt gerecht werden kann. Ich weiß es immer noch nicht: immer noch nicht ist es energisch genug versucht worden. Freilich, und darin bestand wohl mein Mißverständnis, waren zentrale Einsichten in das Verhältnis von Musik und Gesellschaft gar nicht von mir erwartet worden, sondern verwertbare Informationen. Auf dies Bedürfnis mich umzuschalten, spürte ich heftigen Widerwillen; ich hätte es, nach einer Bemerkung von Horkheimer, die mir den Rükken stärkte, wahrscheinlich meiner Beschaffenheit nach auch dann nicht vermocht, wenn ich es gewollt hätte.

Sicherlich war all das zu nicht geringem Grad mitbedingt dadurch, daß ich zunächst an das spezifische Gebiet der Musiksoziologie mehr als Musiker heranging denn als Soziologe. Doch spielte ein genuin soziologisches Moment hinein, über das ich mir erst nach Jahren Rechenschaft geben konnte. Beim Rekurs auf subjektive Verhaltensweisen zur Musik stieß ich auf die Frage der *Vermittlung.* Ausgelöst wurde sie eben dadurch, daß mir die scheinbar primären, unmittelbaren Reaktionen, als selbst vermittelte, nicht als zureichende Basis soziologischer Erkenntnis genügten. Man könnte darauf verweisen, daß in der sogenannten Motivationsanalyse der auf subjektive Reaktionen und deren Verallgemeinerungen gerichteten Sozialforschung ein Mittel zur Verfügung stünde, jenen Schein von Unmittelbarkeit zu korrigieren und in die vorgängigen Bedingungen der subjektiven Reaktionsweisen, etwa durch ergänzende ausführliche, qualitative case studies, einzudringen. Abgesehen davon jedoch, daß vor dreißig Jahren die empirische Sozialforschung sich noch nicht so intensiv mit Techniken der Motivationsforschung befaßte wie später, empfand und empfinde ich auch eine solche Verfahrungsweise, so sehr sie dem common sense sich empfiehlt, nicht als voll adäquat. Auch sie bliebe notwendig befangen im subjektiven Bereich: Motivationen haben ihren Ort im Bewußten und Unbewußten der Individuen. Durch Motivationsanalyse allein würde nicht eruiert, ob und wie Reaktionen auf Musik durch das sogenannte kulturelle Klima und darüber hinaus durch gesellschaftliche Strukturmomente bedingt sind. Selbstverständlich kommen auch in subjektiven Meinungen und Verhaltensweisen indirekt soziale Objektivitäten zutage. Meinungen und Verhaltensweisen der Subjekte sind selbst immer auch ein Objektives. Sie fallen für die Entwicklungstendenzen der Gesamtgesellschaft ins Gewicht, wenngleich nicht zu dem Grad, den ein soziologisches Modell unterstellt, das die Spielregeln parlamentarischer Demokratie schlechtweg der Realität der lebendigen Gesellschaft gleichsetzt. Überdies blitzen in den subjektiven Reaktionen soziale Objektivitäten, bis hinab zu konkreten Einzelheiten, auf. Von subjektivem Material läßt sich auf objektive Determinanten zurückschließen. Insofern subjektive Reaktionen eher feststellbar und quantifizierbar sind als Strukturen, auf die, zumal als »gesamtgesellschaftliche«, nicht ebenso empirisch der Finger sich legen läßt, hat der Ausschließlichkeitsanspruch der empirischen Methoden seine Stütze. Plausibel, daß man von den an Subjekten erhobenen Daten ebenso zur gesellschaftlichen Objektivität gelangen könne, wie wenn man von dieser ausginge, nur daß man, wofern die Soziologie mit der Ermittlung jener Daten beginne, auf festerem Boden sich befinde. Trotz alldem jedoch ist unbewiesen, ob tatsächlich von Meinungen und Reaktionsweisen einzelner Personen zur Gesellschaftsstruktur und zum gesellschaftlichen Wesen fortgeschritten werden kann. Auch der statistische Durchschnitt jener Meinungen ist, wie bereits Durkheim erkannte, noch ein Inbegriff von Subjektivität.

Kaum Zufall, daß die Vertreter eines rigorosen Empirismus die Theoriebildung derart einschränken, daß die Konstruktion der Gesamtgesellschaft und ihrer Bewegungsgesetze verhindert wird. Vor allem aber: die Wahl von Bezugssystemen, der Kategorien und Verfahrungsweisen, die eine Wissenschaft benutzt, ist nicht so neutral und gegen den Inhalt des Erkannten gleichgültig, wie ein Denken es möchte, zu dessen wesentlichen Ingredienzien die strikte Trennung von Methode und Sache gehört. Ob man von einer Theorie der Gesellschaft ausgeht und die vermeintlich gesicherten beobachtbaren Phänomene als deren Epiphänomene auffaßt, oder ob man in diesen die Substanz der Wissenschaft zu besitzen glaubt und die Theorie der Gesellschaft lediglich als eine durch Klassifikation resultierende Abstraktion, das hat weittragende inhaltliche Konsequenzen für die Konzeption der Gesellschaft. Die Wahl des einen oder des anderen »Bezugssystems« entscheidet, vor jeder besonderen Parteinahme und vor jedem »Werturteil«, darüber, ob man das Abstraktum Gesellschaft als die Realität denkt, von der alles Einzelne abhängt, oder ob man es um seiner Abstraktheit willen, wie es in der Tradition des Nominalismus liegt, als bloßen flatus vocis, als leeres Wort, einschätzt. Diese Alternative reicht in alle gesellschaftlichen Urteile, schließlich auch in die politischen hinein. Motivationsanalyse führt nicht viel weiter als auf einzelne partikulare Einwirkungen, die zu den Reaktionen der Probanden in Beziehung gesetzt werden, die aber, zumal innerhalb des Gesamtsystems der Kulturindustrie, ihrerseits nur mehr oder minder willkürlich aus der Totalität dessen herausoperiert werden, was nicht allein von außen auf die Menschen einwirkt, sondern von ihnen längst auch verinnerlicht ist.

Dahinter steht ein für die »Kommunikationsforschung« weit relevanterer Sachverhalt. Die Phänomene, mit denen die Soziologie der Massenmedien zumal in Amerika sich abzugeben hat, sind, als solche von Standardisierung, von der Verwandlung künstlerischer Gebilde in Konsumgüter, von kalkulierter Pseudo-Individualisierung und ähnlichen Erscheinungsformen dessen, was man in deutscher philosophischer Sprache Verdinglichung nennt, nicht zu trennen. Ihr entspricht ein verdinglichtes, der spontanen Erfahrung kaum mehr mächtiges, sondern weithin manipulierbares Bewußtsein. Was ich mit verdinglichtem Bewußtsein meine, kann ich, ohne umständliche philosophische Erwägung, am einfachsten mit einem amerikanischen Erlebnis illustrieren. Unter den vielfach wechselnden Mitarbeitern, die im Princeton Projekt an mir vorüberzogen, befand sich eine junge Dame. Nach ein paar Tagen faßte sie Vertrauen zu mir und fragte mit vollendeter Liebenswürdigkeit: »Dr. Adorno, would you mind a personal question?« Ich sagte: »It depends on the question, but just go ahead«, und sie fuhr fort: »Please tell me: are you an extrovert or an introvert?« Es war, als dächte sie bereits als lebendiges Wesen nach dem Modell der Cafeteria-Fragen aus Questionnaires. Sie mochte sich selbst unter derlei starre und vorgegebene Kategorien subsumieren, ähnlich wie man es mittlerweile vielfach auch in Deutschland beobachten kann, etwa wenn Leute sich durch Sternbildzeichen charakterisieren, unter denen sie geboren sind: »Schützefrau, Widdermann«. Verdinglichtes Bewußtsein ist keineswegs nur in Amerika zu Hause, sondern wird von der gesellschaftlichen Gesamttendenz gefördert. Nur ist es mir drüben zum ersten Mal bewußt geworden. Auch in der Formation jenes Geistes zieht Europa, im Einklang mit der wirtschaftlich-technologischen Entwicklung, hinterher. Der Komplex ist unterdessen in Amerika ins allgemeine Bewußtsein gedrungen. Um 1938 indessen war es anathema, den mittlerweile seinerseits recht abgenutzten Begriff der Verdinglichung irgend zu gebrauchen.

Mich irritierte insbesondere ein methodologischer Zirkel: daß man, um nach den geltenden Normen empirischer Soziologie das Phänomen kultureller Verdinglichung in den Griff zu bekommen, sich selbst verdinglichter Methoden bedienen müsse, wie sie mir in Gestalt jenes program analyzer so bedrohlich vor Augen standen. War ich etwa mit der Forderung konfrontiert, wie man wörtlich sagte, »Kultur zu messen«, so besann ich demgegenüber mich darauf, daß Kultur eben jener Zustand sei, der eine Mentalität ausschließt, die ihn messen möchte. Insgesamt sträubte ich mich gegen die undifferenzierte Anwendung des damals auch in den Sozialwissenschaften noch wenig kritisierten Grundsatzes science is measurement. Das Gebot des Vorrangs quantitativer Erhebungsmethoden, denen gegenüber die Theorie ebenso wie die qualitativen Einzelstudien bestenfalls supplementären Charakter haben sollten, brachte es mit sich, daß man eben jenes Paradoxe unternehmen mußte. Die Aufgabe, meine Erwägungen in research terms umzusetzen, kam einer Quadratur des Zirkels gleich. Wieviel dabei zu Lasten meiner persönlichen Gleichung geht, bin sicherlich nicht ich die rechte Person zu beurteilen; tatsächlich jedoch sind die Schwierigkeiten gewiß *auch* objektiver Art. Sie gründen in der Inhomogenität des Wissenschaftsgebildes Soziologie. Kein Kontinuum besteht zwischen kritischen Theoremen und den naturwissenschaftlich empirischen Verfahrungsarten. Beides hat divergente historische Ursprünge und ist nur mit äußerster Gewalttätigkeit zu integrieren.

Zweifel solcher Art türmten derart sich vor mir auf, daß ich mich zwar mit Beobachtungen über das amerikanische Musikleben, insbesondere über das Radiosystem, vollsog und Theoreme und Thesen zu Papier brachte, aber es nicht vermochte, Fragebogen und Interviewschemata wenigstens zu den Nervenpunkten zu entwerfen. Allerdings war ich in meiner Aktivität ein wenig verlassen. Die Ungewohntheit dessen, was mir vorschwebte, wirkte derart, daß ich bei Mitarbeitern eher auf Skepsis als auf Kooperation stieß. Einzig die sogenannten sekretarialen Hilfskräfte sprachen sogleich auf meine Anregungen sehr an. Heute noch denke ich mit Dankbarkeit an die Damen Rose Kohn und Eunice Cooper, die mir nicht nur meine zahllosen Entwürfe schrieben und korrigierten, sondern mir auch gut zusprachen. Je höher hinauf jedoch es in der wissenschaftlichen Hierarchie ging, um so prekärer wurde die Situation. So hatte ich einmal einen Assistenten von lange zurückliegender deutscher, mennonitischer Abstammung, der mich insbesondere in den Untersuchungen zur leichten Musik unterstützen sollte. Er war Jazzmusiker gewesen, und ich habe von ihm über die Technik des Jazz ebenso wie über das Phänomen der song hits in Amerika viel gelernt. Anstatt daß er mir jedoch geholfen hätte, meine Problemstellungen in sei's noch so limitierte Forschungsinstrumente umzusetzen, schrieb er eine Art Protestmemorandum, in dem er nicht ohne Pathos seine wissenschaftliche Weltanschauung meiner nach seiner Ansicht wüsten Spekulation entgegensetzte. Was ich wollte, hatte er kaum recht verstanden. Bei ihm war ein gewisses Ressentiment unverkennbar: die Art von Bildung, die ich nun einmal mitbrachte, und auf die ich, gesellschaftskritisch wie ich schon dachte, mir wahrhaft nichts einbildete, erschien ihm als ungerechtfertigter Hochmut. Er hegte gegen den Europäer ein Mißtrauen, wie man es im achtzehnten Jahrhundert in bürgerlichen Schichten gegen emigrierte französische Aristokraten hegen mochte. Ich erschien ihm als eine Art falscher Prinz, wie wenig ich auch, bar jeglichen Einflusses, mit gesellschaftlichem Privileg zu tun haben mochte.

Ohne daß ich meine eigenen psychologischen Schwierigkeiten im Projekt, vorab den Mangel an Flexibilität eines bereits in seinen Intentionen wesentlich geprägten Menschen, im mindesten beschönigen möchte, darf ich doch vielleicht der Erinnerung an jenen Assistenten noch einige hinzufügen, die zeigen mögen, daß die Schwierigkeiten nicht allein von meiner Insuffizienz herrührten. Ein in seinem eigenen Gebiet, das mit Musiksoziologie nichts zu tun hatte, hochqualifizierter Mitarbeiter, unterdessen längst in Amt und Würden, bat mich, ihm einige Voraussagen für eine Erhebung über Jazz zu machen: ob diese Form der Unterhaltungsmusik auf dem Land oder in der Stadt beliebter sei, ob bei Jüngeren oder Älteren, bei kirchlich Gebundenen oder »Agnostikern«, und ähnliches. Ich beantwortete diese Fragen, welche durchweg diesseits der Probleme liegen, die mich an der Soziologie des Jazz beschäftigten, mit einfachem Menschenverstand, wie ein Unbefangener, nicht durch Wissenschaft Verängstigter sie vermutlich beantworten würde. Meine wenig tiefgründigen Prophezeiungen bestätigten sich. Die Wirkung davon war überraschend. Der junge Mitarbeiter schrieb das Resultat nicht etwa meiner einfachen Vernunft zu, sondern einer Art magischen Fähigkeit zur Intuition. Ich erwarb mir dadurch bei ihm eine Autorität, die ich durch die Antezipation, daß Jazzfans eher in Großstädten als auf dem Lande zu finden sind, keineswegs verdient hatte. Seine akademische Erziehung wirkte sich offensichtlich bei ihm so aus, daß für Überlegungen, die nicht bereits durch streng beobachtete und registrierte Fakten gedeckt waren, kein Raum mehr blieb. Tatsächlich begegnete mir das Argument, daß man, wenn man vor empirischen Untersuchungen gar zuviel Gedanken als Hypothesen entwickle, möglicherweise einem »bias« verfalle, einem Vorurteil, das die Objektivität der Befunde gefährde. Eher wollte mein überaus freundlicher Kollege mich als Medizinmann gelten lassen, als dem ein Recht einräumen, worüber das Tabu von Spekulation lag. Tabus solcher Art haben die Tendenz, sich über ihren ursprünglichen Sinn hinaus auszubreiten.

Leicht kann die Skepsis gegen das Unbewiesene ins Denkverbot umschlagen. Ein anderer, ebenfalls fachlich hochqualifizierter und schon damals anerkannter Gelehrter betrachtete meine Analysen leichter Musik als »expert opinion«. Er verbuchte sie auf der Seite der Wirkungen, nicht auf der der Analyse des Objekts, das er, als bloßen Stimulus, von der Analyse ausgenommen wissen wollte, die nichts als Projektion sei. Auf dies Argument bin ich immer wieder gestoßen. Offenbar war es außerhalb der Spezialsphäre von Geisteswissenschaft in Amerika sehr schwierig, den Gedanken einer Objektivität von Geistigem zu fassen. Der Geist wird umstandslos dem Subjekt gleichgesetzt, das sein Träger ist, ohne daß seine Verselbständigung und Autonomie zugegeben würde. Vor allem realisiert die organisierte Wissenschaft kaum, wie wenig Kunstwerke aufgehen in denen, die sie hervorbringen. Einmal habe ich das an einem grotesken Extrem beobachtet. In einer Gruppe von Radiohörern war ich, Gott weiß warum, vor die Aufgabe gestellt, eine musikalische Analyse im Sinn strukturellen Hörens zu geben. Um an allgemein Bekanntes und das herrschende Bewußtsein anzuknüpfen, wählte ich die berühmte Melodie, welche das zweite Hauptthema des ersten Satzes von Schuberts h-moll-Symphonie bildet, und zeigte den kettenartig in sich verschränkten Charakter dieses Themas, dem es seine besondere Eindringlichkeit verdankt. Einer der Teilnehmer des meeting, ein sehr junger Mensch, der mir durch seine extravagant bunte Kleidung aufgefallen war, meldete sich zu Wort und sagte etwa Folgendes: was ich da gesagt hätte, sei ja recht schön und überzeugend. Aber wirksamer wäre es doch, wenn ich Maske und Kostüm Schuberts anlegte und quasi als der Komponist selber, der über seine Absichten Auskunft erteilt, jene Gedanken entwickelte. Es prägte in Erfahrungen solchen Schlages etwas sich aus, was Max Weber vor bald fünfzig Jahren in den bildungssoziologischen Ansätzen seiner Lehre von der Bürokratie diagnostizierte und was in den dreißiger Jahren in Amerika sich bereits voll entfaltet hatte: der Niedergang des gebildeten Menschen im europäischen Sinn, der freilich als sozialer Typus in Amerika nie mag voll etabliert gewesen sein. Mir wurde das besonders deutlich an der Differenz zwischen Intellektuellem und Forschungstechniker.

Die erste wirkliche Hilfe im Zusammenhang des Princeton Radio Research Project wurde mir zuteil, als man mir Dr. George

Simpson als Assistenten adjungierte. Gern benutze ich die Gelegenheit, den Dank an ihn in Deutschland öffentlich zu wiederholen. Er war durchaus theoretisch orientiert; als gebürtiger Amerikaner ebenso mit den in den USA geltenden soziologischen Kriterien vertraut wie als Übersetzer der ›Division du travail‹ von Durkheim mit der europäischen Tradition. Immer wieder konnte ich beobachten, daß gebürtige Amerikaner sich aufgeschlossener, vor allem auch hilfsbereiter erwiesen als eingewanderte Europäer, die, unter dem Druck von Vorurteil und Konkurrenz, oft die Neigung zeigten, die Amerikaner zu überamerikanisieren, wohl auch leicht jeden neu hinzugekommenen Mit-Europäer als eine Art Störenfried ihres eigenen adjustment betrachteten. Offiziell fungierte Simpson als »editorial assistant«; in Wahrheit leistete er viel mehr: die ersten Ansätze einer Integration meiner spezifischen Bestrebungen mit amerikanischen Methoden. Die Zusammenarbeit vollzog sich auf eine für mich höchst überraschende und instruktive Weise. Ich hatte, als gebranntes Kind, welches das Feuer scheut, allzu große Vorsicht entwickelt; wagte kaum mehr, auf amerikanisch meine Dinge so ungeschminkt und plastisch zu formulieren, wie es notwendig war, um ihnen Relief zu verleihen. Solche Vorsicht steht aber einem Denken nicht an, das dem Schema von trial and error so wenig entsprach wie meines. Simpson nun ermunterte mich nicht nur, so konzessionslos und drastisch zu schreiben wie nur möglich, sondern trug von sich aus alles dazu bei, damit das gelang.

Es wurden dann also in den Jahren 1938 bis 1940 in der Music Study des Princeton Radio Research Project vier größere Abhandlungen von mir fertig, an denen Simpson mitwirkte; ohne ihn existierten sie kaum. Die erste hieß: ›A Social Critique of Radio Music‹. Sie erschien im Frühjahr 1945 in der Kenyon Review, ein Vortrag, den ich 1940 vor dem Mitarbeiterkreis des Radio Project hielt, und der die grundsätzlichen Gesichtspunkte meiner Arbeit entfaltete; etwas krud vielleicht, aber unmißverständlich. Drei konkrete Studien führten jene Gesichtspunkte am Material aus. Einmal die ›On Popular Music‹, gedruckt im Kommunikationsheft der Studies in Philosophy and Social Science, eine Art sozialer Phänomenologie der Schlager, in der insbesondere die Theorie der Standardisierung und Pseudo-Individualisierung, und dadurch eine bündige Unterscheidung der leichten von der ernsten Musik, gegeben wurde. Die Kategorie der Pseudo-Individualisierung war eine Vorform des

Begriffs von Personalisierung, der dann später in der ›Authoritarian Personality‹ eine erhebliche Rolle spielte, wohl überhaupt für die politische Soziologie einige Relevanz erlangte. Dann gab es die Studie über die NBC Music Appreciation Hour, deren umfangreicher amerikanischer Text leider damals unveröffentlicht blieb. Was mir daran wesentlich dünkte, habe ich, mit der freundlichen Erlaubnis von Lazarsfeld, in das Kapitel ›Die gewürdigte Musik‹ aus dem ›Getreuen Korrepetitor‹ deutsch eingefügt. Es ging darin um kritische content analysis, strikt und einfach um den Nachweis, daß die populäre und als nicht kommerzieller Beitrag viel beachtete Damrosch-Stunde, die beanspruchte, musikalische Erziehung zu fördern, sowohl falsche Informationen über Musik wie ein durch und durch unwahres Bild von ihr verbreitete. Die sozialen Gründe solcher Unwahrheit wurden im Konformismus der Anschauungen aufgesucht, denen die für jene Appreciation Hour Verantwortlichen huldigten. Schließlich wurde abgeschlossen der Text ›The Radio Symphony‹, gedruckt in dem Band ›Radio Research 1941‹. Die These war, daß ernste symphonische Musik, soweit sie vom Radio so, wie sie ist, gesendet wird, nicht das ist, als was sie auftritt, und daß damit der Anspruch der Radio-Industrie, ernste Musik ins Volk zu bringen, sich als dubios erweist. Diese Arbeit löste sogleich Empörung aus; so hat der bekannte Musikkritiker Haggin dagegen polemisiert, und sie als die Art von Zeug bezeichnet, auf das Foundations hereinfielen – ein Vorwurf, der in meinem Fall keineswegs zutraf. Auch diese Arbeit habe ich, im Kern, in den ›Getreuen Korrepetitor‹ aufgenommen, ins letzte Kapitel, ›Über die musikalische Verwendung des Radios‹. Freilich erwies sich eine der zentralen Ideen als überholt: meine These, die Radiosymphonie sei keine Symphonie mehr, technologisch abzuleiten aus Veränderungen des Klanges, dem damals im Radio noch vorherrschenden »Hörstreifen«, der unterdessen durch die Techniken von High Fidelity und Stereophonie wesentlich beseitigt ist. Doch glaube ich, daß davon weder die Theorie des atomistischen Hörens berührt wird noch die von jenem eigentümlichen »Bildcharakter« der Musik im Radio, der den Hörstreifen überlebt haben dürfte.

Gemessen an dem, was eigentlich die Music Study wenigstens im Umriß hätte leisten sollen, waren jene vier Arbeiten fragmentarisch oder, amerikanisch gesprochen, das Ergebnis einer salvaging action. Mir ist nicht gelungen, eine systematisch ausgeführte Soziologie und Sozialpsychologie der Musik im Radio zu geben. Was vorlag, waren eher Modelle als ein Entwurf jenes Ganzen, zu dem ich mich verpflichtet fühlte. Der Mangel dürfte wesentlich den Grund haben, daß mir der Übergang zur Hörerforschung nicht glückte. Er wäre dringend notwendig: vor allem zur Differenzierung und Korrektur der Theoreme. Es ist eine offene, tatsächlich nur empirisch zu beantwortende Frage, ob, wieweit, in welchen Dimensionen die in musikalischer content analysis aufgedeckten gesellschaftlichen Implikationen von den Hörern auch aufgefaßt werden, und wie sie darauf reagieren. Naiv wäre es, wollte man ohne weiteres eine Äquivalenz zwischen den gesellschaftlichen Implikationen der Reize und der »responses« unterstellen, nicht weniger naiv allerdings, beides solange als unabhängig voneinander zu betrachten, wie ausgeführte Forschungen über die Reaktionen nicht vorliegen. Sind tatsächlich, wie in der Studie ›On Popular Music‹ entwickelt wurde, die Normen und Spielregeln der Schlagerindustrie sedimentierte Resultate von Publikumspräferenzen aus einer noch nicht ebenso standardisierten und technologisch durchorganisierten Gesellschaft, so wird man immerhin vermuten dürfen, daß die Implikationen des objektiven Materials von dem Bewußtsein und Unbewußtsein derer, an die es appelliert, nicht durchaus abweichen – sonst wäre das Populäre schwerlich populär. Der Manipulation sind Grenzen gesetzt. Andererseits ist zu erwägen, daß Flachheit und Oberflächlichkeit eines Materials, das von vornherein darauf angelegt ist, im Zustand von Zerstreuung wahrgenommen zu werden, verhältnismäßig flache und oberflächliche Reaktionen erwarten lassen. Die von der musikalischen Kulturindustrie ausgestrahlte Ideologie muß nicht notwendig die ihrer Hörer sein. Als Analogie sei angeführt, daß die Boulevardpresse in vielen Ländern, auch in Amerika und England, vielfach rechtsextreme Ansichten propagiert, ohne daß das in jenen Ländern jahrzehntelang allzu große Konsequenzen für die politische Willensbildung gehabt hätte. Meine eigene Position in der Kontroverse zwischen empirischer und theoretischer Soziologie, die oft, vor allem hierzulande, ganz falsch dargestellt wurde, möchte ich grob und in aller Kürze so präzisieren, daß mir empirische Untersuchungen, auch im Bereich von Kulturphänomenen, nicht nur legitim sondern notwendig erscheinen. Man darf sie aber nicht hypostasieren und als Universalschlüssel betrachten. Vor allem müssen sie selbst in theoretischer Erkenntnis terminieren. Theorie ist kein bloßes Vehikel, das überflüssig würde, sobald man die Daten einmal zur Verfügung hat.

Angemerkt mag werden, daß die vier musikalischen Abhandlungen des Princeton Project, zusammen mit der deutschen über den Fetischcharakter in der Musik, den Keim der erst 1948 abgeschlossenen ›Philosophie der neuen Musik‹ enthielten: die Gesichtspunkte, denen ich in den amerikanischen Musiktexten Fragen der Reproduktion und des Konsums unterworfen hatte, sollten auf die Sphäre der Produktion selbst angewandt werden. Die ›Philosophie der neuen Musik‹ dann wieder, noch in Amerika beendet, war verbindlich für alles, was ich danach irgend über Musik schrieb, auch für die ›Einleitung in die Musiksoziologie‹.

Die Arbeit der Music Study ward keineswegs ganz von dem umschrieben, was unter meinem Namen herauskam. Es gab zwei andere Untersuchungen, darunter eine strikt empirische, die zumindest als davon angeregt betrachtet werden dürfen, ohne daß ich über sie Autorität gehabt hätte – ich zählte nicht zu den Herausgebern von ›Radio Research 1941‹. Edward Suchman hat in ›Invitation to Music‹ den bis heute wohl einzigen Versuch gemacht, eine These der ›Radio Symphony‹ an Hörerreaktionen zu überprüfen. Er ermittelte den Unterschied musikalischer Erfahrungsfähigkeit zwischen denen, die lebendige ernste Musik kennen, und denen, die erst durchs Radio initiiert wurden. Die Problemstellung hing insofern mit der meinen zusammen, als diese den Unterschied zwischen lebendiger und »verdinglichter«, durch mechanische Reproduktionsmittel und alles, was sie beinhalten, tingierter Erfahrung betraf. Meine These dürfte durch Suchmans Untersuchung bestätigt worden sein. Der Geschmack derer, die ernste Musik lebendig gehört hatten, war dem derjenigen überlegen, die ernste Musik nur durch den damals auf sie spezialisierten New Yorker Sender WQXR kannten. Ungeklärt bleibt freilich, ob jene Differenz tatsächlich, wie es im Sinn meiner These und wohl auch der Folgerungen von Suchman lag, allein auf die hier und dort verschiedenen Auffassungsweisen zurückdatiert, oder ob nicht, wie es mir heute wahrscheinlich dünkt, ein dritter Faktor hineinspielt: daß diejenigen, die überhaupt in Konzerte gehen, bereits einer Tradition angehören, die sie mit ernster Musik vertrauter macht als die Radio Fans; daß sie überdies wahrscheinlich von vornherein ein spezifischeres Interesse daran haben als die, welche sich aufs Radiohören beschränken. Weiter wurde angesichts jener Studie, deren Existenz mich begreiflicherweise erfreute, mein Bedenken recht konkret, Fragen der Verdinglichung des Bewußtseins mit dinghaften Methoden zu behandeln. Über die Qualität der Komponisten, die der Unterscheidung der Niveaus von life- und Radio-Initiierten dienen sollte, befand, gemäß der damals noch viel verwendeten Technik der Thurston Scale, ein Gremium von Sachverständigen. Diese waren weitgehend nach ihrer Prominenz, ihrer Autorität im öffentlichen Musikleben ausgewählt. Dabei stellte sich die Frage, ob nicht solche Experten ihrerseits von denselben konventionellen Vorstellungen mitgeprägt sind, die zu jenem verdinglichten Bewußtsein hinzurechnen, das eigentlich das Objekt von derlei Untersuchungen bildet. Der hohe Rang, den die Skala Tschaikowsky zuerteilte, scheint mir einen solchen Argwohn zu rechtfertigen.

Der Konkretisierung der These von der Manipuliertheit musikalischen Geschmacks diente die Studie von Duncan McDougald ›The Popular Music Industry‹ in ›Radio Research 1941‹. Sie war ein erster Beitrag zur Einsicht in die Vermitteltheit des scheinbar Unmittelbaren, indem sie bis ins einzelne beschrieb, wie damals Schlager »gemacht« wurden. Mit den Methoden einer high pressure-Reklame, »plugging«, bearbeitete man die wichtigsten Instanzen für die Popularität von Schlagern, die Kapellen, damit bestimmte Songs so oft, insbesondere im Radio gespielt wurden, bis sie tatsächlich durch die schiere Macht der anhaltenden Wiederholung die Chance hatten, von großen Massen akzeptiert zu werden. Allerdings spürte ich auch bei McDougalds Darstellung gewisse Bedenken. Die Tatsachen, auf denen er insistierte, gehören ihrer Struktur nach einer früheren Ära an als der der zentralisierten Radiotechnik und der großen Monopole im Bereich der Massenmedien. Wesentlich erscheint noch als das Werk operettenhaft eifriger Agenten, wenn nicht individueller Korruption, was in Wahrheit längst vom objektiven System, in einigem Ausmaß von den technologischen Bedingungen selbst besorgt wird. Insofern bedürfte die Untersuchung heute der Duplikation, die eher den objektiven Mechanismen der Popularisierung des Populären nachfragt als den Machenschaften und Intrigen jener geschwätzigen Typen, deren »sheet« McDougald so saftig charakterisierte. Angesichts der gegenwärtigen sozialen Realität nimmt es sich bereits leicht altmodisch und darum versöhnlich aus.

1941 kam meine Funktion am Princeton Radio Research Project, aus dem sich das Bureau of Applied Social Research entwickelte, zum Ende, und meine Frau und ich siedelten nach Californien über, wohin Horkheimer schon vorher gezogen war. Er und ich brachten die nächsten Jahre in Los Angeles fast ausschließlich mit der gemeinsamen Arbeit an der ›Dialektik der Aufklärung‹ zu; das Buch war 1944 abgeschlossen, die letzten Ergänzungen wurden 1945 geschrieben. Bis zum Herbst 1944 war mein Kontakt mit der amerikanischen Wissenschaft unterbrochen, dann erst stellte er sich wieder her. Noch in unserer New Yorker Zeit hatte Horkheimer, angesichts des Grauenvollen, das in Europa geschah, Untersuchungen über das Problem des Antisemitismus in die Wege geleitet. Wir hatten, gemeinsam mit anderen Mitgliedern unseres Instituts, das Programm eines Forschungsprojekts entworfen und publiziert, auf das wir dann vielfach rekurrierten. Es enthielt unter anderem eine Typologie von Antisemiten, die dann, weitgehend modifiziert, in späteren Arbeiten wiederkehrte. Ähnlich wie die Music Study am Princeton Radio Research Project theoretisch durch die deutsch geschriebene Abhandlung ›Über den Fetischcharakter in der Musik und die Regression des Hörens‹ bestimmt war, erging es nun. Das Kapitel ›Elemente des Antisemitismus‹ in der ›Dialektik der Aufklärung‹, das Horkheimer und ich im strengsten Sinn gemeinsam verfaßten, nämlich buchstäblich zusammen diktierten, war verbindlich für meinen Anteil an den später mit der Berkeley Public Opinion Study Group durchgeführten Untersuchungen. Sie fanden in der ›Authoritarian Personality‹ ihren literarischen Niederschlag. Der Verweis auf die ›Dialektik der Aufklärung‹, die bis jetzt noch nicht ins Englische übertragen ist, scheint mir darum nicht überflüssig, weil das Buch am ehesten einem Mißverständnis vorbeugt, dem die ›Authoritarian Personality‹ von Anbeginn sich ausgesetzt sah, und an dem sie, durch ihre Akzentsetzung, nicht ganz unschuldig sein mochte: daß die Autoren versucht hätten, den Antisemitismus, und darüber hinaus den Faschismus insgesamt, lediglich subjektiv zu begründen, dem Irrtum verfallen, dies politisch-ökonomische Phänomen sei primär psychologischer Art. Aus dem, was ich zur Konzeption der Music Study des Princeton Project andeutete, dürfte zur Genüge hervorgehen, wie wenig das beabsichtigt war. Die ›Elemente des Antisemitismus‹ haben theoretisch das Rassevorurteil in den Zusammenhang einer objektiv gerichteten, kritischen Theorie der Gesellschaft gerückt. Allerdings haben wir dabei, im Gegensatz zu einer gewissen ökonomistischen Orthodoxie, uns gegen Psychologie nicht spröde gemacht, sondern ihr, als einem Moment der Erklärung, in unserem Entwurf ihren Stellenwert zugewiesen. Nie jedoch ließen wir Zweifel am Vorrang objektiver Faktoren über psychologische. Wir gehorchten der, wie mir scheint, plausiblen Erwägung, daß in der gegenwärtigen Gesellschaft die objektiven Institutionen und Entwicklungstendenzen eine solche Vormacht über die Einzelpersonen gewonnen haben, daß diese, und zwar offenbar in anwachsendem Maß, zu Funktionären der über ihren Kopf sich durchsetzenden Tendenz werden. Von ihrem eigenen bewußten und unbewußten Sosein, ihrem Innenleben, hängt immer weniger ab. Mittlerweile ist vielerorten die psychologische, auch die sozialpsychologische Erklärung sozialer Phänomene zu einem ideologischen Deckbild geworden: je mehr die Menschen von dem Gesamtsystem abhängig sind, je weniger sie darüber vermögen, desto mehr wird ihnen absichtlich und unabsichtlich eingebläut, es käme nur auf sie an. Dadurch werden aber die sozialpsychologischen Fragestellungen, zumal die tiefenpsychologischen und charakterologischen, die im Zusammenhang mit der Freudschen Theorie sich aufgeworfen haben, nicht gleichgültig. Schon in der großen Einleitung zu dem Band des Instituts für Sozialforschung ›Autorität und Familie‹ von 1935 hatte Horkheimer von dem »Kitt« gesprochen, der die Gesellschaft zusammenhält, und die These entwickelt, daß, angesichts der Divergenz zwischen dem, was die Gesellschaft ihren Angehörigen verspricht, und dem, was sie ihnen gewährt, das Getriebe schwerlich sich erhalten könnte, wenn es nicht die Menschen selbst bis ins Innerste so gemodelt hätte, daß sie ihm konformieren. Hatte einst das bürgerliche Zeitalter, mit dem erwachenden Bedürfnis nach freien Lohnarbeitern, Menschen hervorgebracht, die den Anforderungen der neuen Produktionsweise entsprachen, so waren diese gleichsam vom ökonomisch-gesellschaftlichen System erzeugten Menschen später der zusätzliche Faktor, der den Bedingungen zu ihrem Fortbestand verhalf, nach deren Bild die Subjekte geschaffen waren. Sozialpsychologie sahen wir als subjektive Vermittlung des objektiven Gesellschaftssystems an: ohne ihre Mechanismen wären die Subjekte nicht bei der Stange zu halten gewesen. Insofern näherten sich unsere Anschauungen subjektiv gerichteten Forschungsmethoden, als einem Korrektiv starren Denkens von oben her, bei dem die Berufung auf die Vormacht des Systems die Einsicht in den konkreten Zusammenhang zwischen dem System und denen ersetzt, aus denen es doch selbst besteht. Andererseits haben die subjektiv gerichteten Analysen nur innerhalb objektiver Theorie ihren Stellenwert. In der ›Authoritarian Personality‹ ist das immer wieder hervorgehoben worden. Daß in jenem Werk der Blick auf die subjektiven Momente sich richtete, wurde, dem herrschenden Zug gemäß, so interpretiert, als sei die Sozialpsychologie als Stein der Weisen benutzt, während sie doch lediglich, nach einer berühmten Formulierung von Freud, dem bereits Bekannten ein Neues, Ergänzendes hinzufügen wollte.

Horkheimer hatte mit einer Gruppe von Forschern an der University of California in Berkeley, die vor allem aus Nevitt Sanford, der unterdessen verstorbenen Else Frenkel-Brunswik und dem damals noch sehr jungen Daniel Levinson bestand, Fühlung genommen. Ich glaube, der erste Berührungspunkt war eine von Sanford initiierte Studie über das Phänomen des Pessimismus, das dann, sehr modifiziert, in den weitschichtigen Untersuchungen wiederkehrte, in denen die Dimension des Destruktionstriebs sich als eine der entscheidenden des autoritätsgebundenen Charakters erwies, nur freilich nicht länger im Sinn eines »overten« Pessimismus, sondern vielfach gerade als dessen reaktive Übertäubung. Horkheimer übernahm 1945 die Leitung der Research-Abteilung des American Jewish Committee in New York und ermöglichte damit, daß die wissenschaftlichen Ressourcen der Berkeleygruppe und unseres Instituts »gepooled« wurden, und daß wir über Jahre hin umfangreiche Forschungen durchführen konnten, die sich an gemeinsame theoretische Reflexionen anschlossen. Ihm ist nicht nur der Gesamtplan der Arbeiten zu verdanken, die in der Reihe ›Studies in Prejudice‹ bei Harper's zusammengefaßt wurden. Auch die ›Authoritarian Personality‹ ist, ihrem spezifischen Gehalt nach, ohne ihn undenkbar, wie denn Horkheimers und meine philosophischen und soziologischen Erwägungen sich längst so sehr integriert hatten, daß es uns beiden nicht möglich wäre anzugeben, was vom einen stammt und was vom anderen. Die Berkeleystudie war so organisiert, daß Sanford und ich als Direktoren fungierten, Frau Brunswik und Daniel Levinson als Hauptmitarbeiter. Von Anbeginn aber geschah alles in vollkommenem team work, ohne irgendwelche hierarchischen Momente. Der Titel der ›Authoritarian Personality‹, der uns allen gleichen »credit« zuweist, gibt durchaus dem tatsächlichen Sachverhalt Ausdruck. Diese Art von Kooperation in einem demokratischen Geist, der nicht in Formalien steckenbleibt, sondern bis in alle Details von Planung und Durchführung hineinreicht, war für mich wohl das Fruchtbarste, was ich, im Gegensatz zum akademischen Herkommen in Europa, in Amerika kennenlernte. Die gegenwärtigen Bestrebungen zur inneren Demokratisierung der deutschen Universität sind mir aus meiner amerikanischen Erfahrung vertraut. Die Kooperation in Berkeley kannte keine Reibereien, keine Widerstände, keine Gelehrtenkonkurrenz. Dr. Sanford etwa hat alle von mir verfaßten Kapitel aufs liebenswürdigste und sorgfältigste, mit großen Opfern an Zeit, sprachlich redigiert. Der Grund für unser team work mochte freilich nicht nur das amerikanische Klima sein, sondern auch wissenschaftlich: die gemeinsame Orientierung an Freud. Wir vier waren uns darin einig, weder uns starr an diesen zu binden noch ihn, wie die psychoanalytischen Revisionisten, zu verwässern. Ein gewisses Maß an Abweichung von ihm war dadurch gesetzt, daß wir eben doch ein spezifisch soziologisches Interesse verfolgten. Die Hereinnahme der objektiven Momente, hier vor allem des »kulturellen Klimas«, war mit der Freudschen Vorstellung von Soziologie als bloßer angewandter Psychologie nicht vereinbar. Ebenso differierten die Desiderate der Quantifizierung, denen wir uns unterwarfen, einigermaßen von Freud, bei dem die Substanz der Forschung in qualitativen Untersuchungen, case studies, besteht. Doch haben wir das qualitative Moment überaus schwer genommen. Die Kategorien, die den quantitativen Untersuchungen zugrunde lagen, waren ihrerseits qualitativer Art und leiteten von der analytischen Charakterologie sich her. Weiter hatten wir schon bei der Planung es darauf abgesehen, die Gefahr des Mechanistischen in quantitativen Untersuchungen zu kompensieren durch ergänzende qualitative Einzelstudien. Die Aporie, daß das rein quantitativ Ermittelte selten die genetischen Tiefenmechanismen erreicht, den qualitativen aber ebenso leicht die Generalisierbarkeit und deswegen die objektive soziologische Gültigkeit aberkannt werden kann, suchten wir zu meistern, indem wir eine ganze Reihe verschiedener Techniken verwendeten, die wir nur im Kern der dahinter stehenden Konzeption aufeinander abstimmten. Frau Brunswik unternahm den bemerkenswerten Versuch, die Befunde strikt qualitativer, klinischer Analyse, die sie in dem ihr vorbehaltenen Sektor gewann, ihrerseits nochmals zu quantifizieren, wogegen ich allerdings den Einwand anmeldete, man ginge durch solche Quantifizierung der komplementären Vorteile der qualitativen Analyse wieder verlustig. Wegen ihres frühen und tragischen Todes wurde diese Kontroverse nicht mehr nach unserer Weise zwischen uns ausgetragen. Soweit ich zu sehen vermag, ist sie stets noch offen.

Die Untersuchungen über die autoritätsgebundene Persönlichkeit waren weitschichtig angelegt. Während sich der Schwerpunkt in Berkeley befand, wohin ich alle vierzehn Tage fuhr, wurde gleichzeitig von meinem Freund Frederick Pollock eine Studiengruppe in Los Angeles organisiert, an der der Sozialpsychologe J. F. Brown, die Psychologin Carol Creedon und einige andere hervorragend beteiligt waren. Damals schon traten wir in Kontakt mit dem Psychoanalytiker Dr. Frederick Hacker und dessen Mitarbeitern. In dem Kreis aller Interessierten fanden in Los Angeles häufig gemeinsame seminarartige Besprechungen statt. Die Idee eines großen literarischen Werkes, zu dem die Einzeluntersuchungen integriert wurden, formte sich erst allmählich und einigermaßen unwillkürlich aus. Das eigentliche Zentrum des gemeinsam Erarbeiteten bildete die F-Skala, die ja wohl auch von allen Teilen der ›Authoritarian Personality‹ die größte Wirkung übte, jedenfalls zahllose Male angewandt und modifiziert wurde, und die dann später auch der Skala zur Messung eines autoritären Potentials in Deutschland, den hiesigen Verhältnissen angepaßt, zugrunde lag, über die das 1950 in Frankfurt neu gegründete Institut für Sozialforschung bald einen größeren Bericht vorlegen wird. Gewisse Tests in amerikanischen Magazinen, auch unsystematische Beobachtungen an einigen Bekannten brachten uns auf die Idee, man könne indirekt, also ohne unmittelbar nach antisemitischen und anderen faschistischen Meinungen zu fragen, derlei Neigungen ermitteln, indem man rigide Ansichten feststellt, von denen man einigermaßen sicher sein kann, daß sie im allgemeinen mit jenen spezifischen Meinungen zusammengehen und mit ihnen eine charakterologische Einheit bilden. In Berkeley entwickelten wir dann die F-Skala in einer Freiheit, die von den Vorstellungen einer pedantischen Wissenschaft, die über jeden ihrer Schritte Rechenschaft abzulegen hat, erheblich abwich. Was man drüben bei uns vier Leitern der Studie den »psychoanalytic background«, insbesondere die Vertrautheit mit der Methode der freien Assoziation nennen mochte, war wohl der Grund dafür. Ich hebe das deshalb hervor, weil ein Werk wie die ›Authoritarian Personality‹, dem man vieles vorgeworfen, die Vertrautheit mit amerikanischem Material und amerikanischen Verfahrungsarten jedoch nie abgesprochen hat, auf eine Weise produziert wurde, die mit dem üblichen Bild vom sozialwissenschaftlichen Positivismus keineswegs sich deckt. In praxi herrscht dieser nicht so unbedingt, wie man nach der theoretisch-methodologischen Literatur glauben würde. Schwerlich ist die Vermutung zu weit hergeholt, daß das, was die ›Authoritarian Personality‹ etwa an Neuem, Unverbrauchtem, an Phantasie und Interesse für wesentliche Gegenstände etwa aufweist, eben jener Freiheit sich verdankte. Das Moment des Spielerischen, von dem ich denken möchte, daß es jeder geistigen Produktivität notwendig ist, fehlte bei der Entwicklung der F-Skala keineswegs. Wir brachten Stunden damit zu, sowohl ganze Dimensionen, »variables« und Syndrome, als auch besondere Fragebogenitems uns einfallen zu lassen, auf die wir um so stolzer waren, je weniger ihnen die Beziehung auf das Hauptthema anzusehen war, während wir aus theoretischen Motiven Korrelationen mit Ethnozentrismus, Antisemitismus und politisch-ökonomisch reaktionären Ansichten erwarteten. Dann haben wir diese items in ständigen Pretests kontrolliert und dabei ebenso die technisch gebotene Beschränkung des Fragebogens auf einen noch zu verantwortenden Umfang erreicht wie diejenigen items ausgeschieden, die sich als nicht genügend trennscharf erwiesen.

Dabei mußten wir freilich etwas Wasser in unseren Wein gießen. Aus einer Reihe von Gründen, unter denen die später so genannte Bildungsanfälligkeit keine geringe Rolle spielte, mußten wir oft gerade solche items aufgeben, die wir selbst für die tiefsten und originellsten hielten, und ihnen andere vorziehen, die ihre größere Trennschärfe damit bezahlten, daß sie der Oberfläche offener Meinungen näher lagen als die wahrhaft tiefenpsychologischen. So konnten wir etwa die Dimension des Widerwillens autoritätsgebundener Personen gegen avantgardistische Kunst einfach deshalb nicht weiter verfolgen, weil dieser Widerwille ein Bildungsniveau, einfach das Rencontre mit solcher Kunst voraussetzt, das der überwiegenden Mehrheit der von uns Befragten versagt war. Während wir glaubten, durch die Kombination quantitativer und qualitativer Methoden den Antagonismus des Generalisierbaren und des Spezifisch-Relevanten überwinden zu können, ereilte er uns inmitten unserer eigenen Bestrebungen doch noch. Es scheint die Not jeder empirischen Soziologie, daß sie zu wählen hat zwischen der Zuverlässigkeit und der Tiefe ihrer Befunde. Immerhin konnten wir damals noch mit der Likertschen Form operationell definierter Skalen operieren in einer Weise, die es uns vielfach erlaubte, mehrere Fliegen mit einer Klappe zu schlagen, also mit einem item mehrere der Dimensionen gleichzeitig zu berühren, die nach unserem theoretischen Entwurf für den autoritätsgebundenen Charakter, die highs, und für dessen Widerspiel, die lows, bezeichnend sind. Nach der Guttmanschen Kritik an den zuvor üblichen Verfahren des scaling wäre die Unbefangenheit unserer F-Skala kaum noch vorstellbar. Es ist mir schwer, mich des Verdachts zu entschlagen, daß die zunehmende Exaktheit der Methode in der empirischen Soziologie, so unwiderleglich auch ihre Argumente sein mögen, vielfach die wissenschaftliche Produktivität fesselt.

Wir mußten das Werk für die Publikation verhältnismäßig rasch abschließen; es kam fast genau zur gleichen Zeit heraus, als ich wieder nach Europa ging, um die Wende 1949/50. Seine Wirkung in den USA habe ich in den Jahren danach nicht mehr unmittelbar miterlebt. Die Zeitnot, in der wir uns befanden, hatte eine paradoxe Folge. Bekannt ist der englische Witz von dem Mann, der einen Brief damit beginnt, er habe nicht die Zeit, sich kurz zu fassen. Ähnlich erging es uns: einfach weil wir nicht noch einmal einen ganzen Arbeitsgang einlegen konnten, um das Manuskript zu kondensieren, wurde das Buch so schwerfällig und umfangreich, wie es sich nun präsentiert. Doch mag dieser Mangel, dessen wir alle uns bewußt waren, ein wenig kompensiert werden durch den Reichtum mehr oder minder voneinander unabhängiger Methoden und dabei gewonnener Materialien. Was vielleicht dem Buch an disziplinierter Stringenz und Einheitlichkeit der Beweisführung abgeht, dürfte es teilweise wiedergutmachen dadurch, daß so viele konkrete Einsichten aus den verschiedensten Richtungen zusammenströmen, die in denselben Hauptthesen konvergieren, bis auch das nach strikten Kriterien Unbewiesene an Plausibilität gewinnt. Brachte die ›Authoritarian Personality‹ Gewinn, so ist er nicht in der absoluten Verbindlichkeit der positiven Einsichten, gar der Meßzahlen zu suchen, sondern in erster Linie in der Fragestellung, die durch ein wesentliches gesellschaftliches Interesse geprägt und in Zusammenhang mit einer Theorie gerückt ist, die vordem kaum in derartige quantitative Untersuchungen umgesetzt war. Unterdessen hat man, wohl nicht ohne Einfluß der ›Authoritarian Personality‹, vielfach versucht, psychoanalytische Theoreme mit empirischen Methoden zu testen. Auch unsere Absicht ging, darin der Psychoanalyse ähnlich, nicht auf die Ermittlung gegenwärtiger Meinungen und Dispositionen. Interessiert waren wir am faschistischen *Potential.* Deshalb, und um ihm entgegenarbeiten zu können, haben wir, soweit es nur möglich war, auch die *genetische* Dimension, also das Zustandekommen des autoritätsgebundenen Charakters, in die Untersuchung hineingezogen. Wir alle betrachteten das Werk, trotz seines großen Umfangs, als Pilotenstudie, mehr als Exploration von Möglichkeiten denn als Sammlung unwiderleglicher Resultate. Gleichwohl waren unsere Resultate signifikant genug, um unsere Folgerungen zu rechtfertigen: nur eben als auf Tendenzen bezogene, nicht als einfache statements of fact. Else Frenkel-Brunswik hat in ihrem Teil besonders darauf aufmerksam gemacht.

Ein gewisses handicap lag, wie übrigens bei vielen Untersuchungen solcher Art, im sample, und wir haben das nicht beschönigt. Empirisch-soziologische Untersuchungen an amerikanischen Universitäten, und nicht nur dort, kranken chronisch daran, daß sie weit mehr mit Studenten als Probanden auszukommen haben, als nach den Grundsätzen eines für die Gesamtbevölkerung repräsentativen sample zu rechtfertigen wäre. Später, in Frankfurt, haben wir bei Untersuchungen ähnlichen Stils diesem Mangel abzuhelfen gesucht, indem wir durch eigens designierte Kontaktpersonen versuchten, Probandengruppen aus den verschiedensten Bevölkerungsschichten, am Quota-System orientiert, zu organisieren. Immerhin darf gesagt werden, daß wir eigentlich repräsentativen Charakter in Berkeley nicht anstrebten. Viel mehr waren wir an Schlüsselgruppen interessiert. Freilich nicht so sehr, wie es vielleicht gut gewesen wäre, an den unterdessen vielberufenen opinion leaders als an Gruppen, die wir als besonders »anfällig« vermuteten, wie Strafgefangene in St. Quentin – sie waren tatsächlich »higher« als der Durchschnitt – oder den Insassen einer psychiatrischen Klinik, weil wir uns von der Kenntnis pathogener Strukturen auch hier Aufschlüsse über »normale« erhofften.

Schwerer wiegt der vor allem von Jahoda und Christie erhobene Einwand der Zirkelschlüssigkeit: daß die Theorie, die von den Forschungsinstrumenten vorausgesetzt werde, von diesen validiert werden solle. Es ist nicht der Ort, auf jenen Einwand einzugehen. Nur soviel mag gesagt sein: wir haben die Theorie niemals einfach als Hypothese, sondern als ein in gewissem Sinn Selbständiges betrachtet, darum auch nicht die Theorie durch die Resultate beweisen oder widerlegen wollen, sondern nur aus ihr konkrete Forschungsfragestellungen ableiten, die dann auf eigenen Füßen stehen und gewisse durchgängige sozialpsychologische Strukturen erweisen. Daß allerdings die technische Idee der F-Skala: indirekt Neigungen zu ermitteln, die man direkt nicht berühren mag, aus Angst vor sonst ins Spiel kommenden Zensurmechanismen, voraussetzt, daß man sie erst selbst einmal durch jene offenen Meinungen validiert, von denen man annimmt, die Versuchspersonen zögerten, sie kundzugeben, ist der Kritik nicht abzustreiten. Insofern besteht das Argument der Zirkelschlüssigkeit zu Recht. Doch möchte ich meinen, man sollte hier die Forderungen nicht überspannen. Nachdem einmal, in einer beschränkten Anzahl von Pretests, ein Zusammenhang zwischen dem Overten und dem Latenten sich ergeben hat, wird man diesem Zusammenhang in den Haupttests an ganz anderen Personen nachgehen dürfen, die durch keine overten Fragen beunruhigt werden. Die einzige Möglichkeit wäre, daß, weil in Amerika die offenen Antisemiten und faschistisch Gesonnenen 1944 und 1945 zögerten, ihre Meinung zu sagen, die ursprüngliche Kopplung beider Fragetypen zu allzu optimistischen Resultaten, einer Überwertung des Potentials der lows hätte führen können. Die Kritik jedoch, die an uns geübt wurde, ging eher in die entgegengesetzte Richtung: sie warf uns vor, daß unsere Instrumente allzusehr auf die highs zugeschnitten wären. Jene methodologischen Probleme, die allesamt an dem Modell Voraussetzung – Beweis – Folgerung gebildet sind, haben mich später zu jener philosophischen Kritik des herkömmlichen szientifischen Begriffs des absolut Ersten mitveranlaßt, die ich in meinen erkenntnistheoretischen Büchern übte.

Ähnlich wie im Fall des Radioprojekts kristallisierten an die ›Authoritarian Personality‹ andere Untersuchungen sich an. So die ›Child Study‹, die Frau Brunswik und ich am Child Welfare Institute in Berkeley in die Wege leiteten, und deren Durchführung wesentlich ihr oblag; leider blieb die Studie unvollendet. Es sind wohl nur Teilresultate daraus veröffentlicht worden. Eine gewisse Mortalität einzelner Studien ist offenbar bei groß angelegten Forschungsprojekten unvermeidlich; heute, da die Sozialwissenschaft so viel über sich selbst reflektiert, wäre es wohl der Mühe wert, einmal systematisch zu untersuchen, warum so vieles, was darin begonnen wird, nicht zu Ende kommt. Die ›Child Study‹ verwendete Grundkategorien der ›Authoritarian Personality‹. Es deuteten dabei durchaus unerwartete Ergebnisse sich an. Sie differenzierten die Anschauung vom Zusammenhang zwischen Konventionalismus und autoritätsgebundener Gesinnung. Gerade die »braven«, also konventionellen Kinder dürften die von Aggression, einem der wesentlichsten Aspekte der autoritätsgebundenen Persönlichkeit, freieren sein, und umgekehrt. Retrospektiv läßt sich das einleuchtend erklären; nicht a priori. An diesem Aspekt der ›Child Study‹ wurde mir zum ersten Mal bewußt, worin, unabhängig davon, Robert Merton eine der wichtigsten Rechtfertigungen empirischer Untersuchungen erblickt: daß mehr oder minder alle Befunde sich theoretisch erklären lassen, sobald sie einmal vorliegen, aber auch ihr Gegenteil. An wenigem habe ich die Legitimität und Notwendigkeit empirischer Forschung, die theoretische Fragen wirklich beantwortet, so drastisch erfahren wie daran. – Ich selbst schrieb, schon ehe die Kooperation mit Berkeley begann, eine größere Monographie über die sozialpsychologische Technik eines kurz vorher an der amerikanischen Westküste aktiven faschistischen Agitators, Martin Luther Thomas. Sie war 1943 vollendet, eine Contentanalyse, welche die mehr oder minder standardisierten, und keineswegs allzu zahlreichen, Stimuli behandelt, welche faschistische Agitatoren benutzen. Hier kam abermals die Konzeption zur Geltung, die bereits hinter der Music Study des Princeton Radio Research Project gestanden hatte: Reaktionsweisen und objektive Einwirkungen gleichermaßen zu behandeln. Im Rahmen der ›Studies in Prejudice‹ wurden die beiden »approaches« nicht aufeinander abgestimmt und gar integriert. Zu sagen bleibt freilich, daß die artikulierten Einwirkungen durch Agitatoren aus dem »lunatic fringe« keineswegs die einzigen, vermutlich nicht einmal die entscheidenden objektiven Momente sind, die eine dem Faschismus geneigte Mentalität in den Bevölkerungen befördern. Die Wurzeln reichen tief in die Struktur der Gesellschaft selbst hinab, die faschistoide Mentalität wird von ihr erzeugt, schon ehe Demagogen ihr willentlich zu Hilfe kommen. Die Meinungen der Demagogen sind keineswegs derart auf den lunatic fringe beschränkt, wie man optimistischerweise denken möchte. Sie finden sich unverkennbar, nur nicht ebenso kompakt und so aggressiv formuliert, in ungezählten Äußerungen sogenannter respektabler Politiker. Mir selbst lieferte die Thomas-Analyse viel Anregung für items, die in der ›Authoritarian Personality‹ verwertbar waren. Sie dürfte eine der ersten kritischen, qualitativen Contentanalysen sein, die in den USA durchgeführt wurden. Bis heute ist sie unveröffentlicht.

Im Spätherbst 1949 ging ich nach Deutschland zurück und war jahrelang ganz festgehalten vom Wiederaufbau des Instituts für Sozialforschung, dem Horkheimer und ich damals unsere gesamte Zeit widmeten, und von meiner Lehrtätigkeit an der Frankfurter Universität. Nach einem kurzen Besuch 1951 fuhr ich erst 1952 für ungefähr ein Jahr wieder nach Los Angeles, als wissenschaftlicher Leiter der Hacker Foundation in Beverly Hills. Fest stand, daß ich, weder Psychiater noch Therapeut, meine Arbeit auf Sozialpsychologisches konzentrierte. Andererseits waren die Mitarbeiter der Klinik von Dr. Hacker, auf welche die Foundation angewiesen war, praktisch tätig und voll beschäftigt, sei es als Psychoanalytiker, sei es als psychiatric social workers. Wann immer die Kooperation sich realisierte, ging es gut. Nur blieb eben den Mitarbeitern für Forschungen allzu wenig Zeit, und ich meinerseits hatte, als Research Director, nicht die Autorität, die Kliniker in Untersuchungen einzuspannen. Dadurch war notwendigerweise die Möglichkeit des zu Realisierenden beschränkter, als sowohl Dr. Hacker wie ich es uns vorgestellt hatten. Ich sah mich in die Situation dessen gedrängt, was man amerikanisch mit »One Man Show« bezeichnet: mußte die wissenschaftlichen Arbeiten der Foundation, abgesehen von der Organisation von Vorträgen, fast allein durchführen. Daher sah ich mich abermals auf die Seite der Analyse von »Stimuli« zurückgeworfen. Zwei Contentstudien brachte ich unter Dach und Fach. Einmal die über die Astrologiespalte der Los Angeles Times, die, englisch, unter dem Titel ›The Stars Down to Earth‹ im Jahrbuch für Amerikastudien 1957 in Deutschland erschien, und die ich dann meiner deutschen Abhandlung ›Aberglaube aus zweiter Hand‹ in den ›Sociologica II‹ zugrunde legte. Mein Interesse an diesem Material datierte auf die Berkeley-Untersuchung zurück: vor allem auf die sozialpsychologische Bedeutung des Destruktionstriebs, die Freud im ›Unbehagen in der Kultur‹ entdeckt hatte und die mir das gefährlichste subjektive Massenpotential in der gegenwärtigen politischen Lage scheint. Die Methode, die ich einschlug, war die, mich gleichsam in die Situation des populären Astrologen zu versetzen, der durch das, was er schreibt, seinen Lesern unmittelbar eine Art Befriedigung verschaffen muß, und der ständig der Schwierigkeit sich gegenüber findet, Menschen, von denen er nichts weiß, scheinbar spezifische, jedem Einzelnen gemäße Ratschläge zu erteilen. Als Ergebnis stellte sich ebenso die Verstärkung konformistischer Ansichten durch die kommerzielle und standardisierte Astrologie heraus wie auch, daß bestimmte Widersprüche im Bewußtsein der Angesprochenen, die auf gesellschaftliche zurückdatieren, in der Technik des Schreibers der column, vor allem ihrer Zweiphasen-Beschaffenheit zutage kommen. Ich verfuhr qualitativ, obwohl ich nicht darauf verzichtete, in dem Material, das ich ausgewählt hatte, und das über zwei Monate sich erstreckte, wenigstens im gröbsten die Häufigkeit der jeweils wiederkehrenden Grundtricks zu zählen. Zu den Rechtfertigungen quantitativer Methode gehört, daß die Produkte der Kulturindustrie selbst gleichsam nach statistischen Gesichtspunkten geplant sind. Quantitative Analyse mißt sie mit ihrem eigenen Maß. Unterschiede in der Häufigkeit etwa, mit der bestimmte Tricks wiederholt werden, kommen ihrerseits aus einem quasi wissenschaftlichen Kalkül der Wirkung von seiten des Astrologen, der in vieler Hinsicht dem Demagogen und Agitator ähnelt, wenn er auch offene politische Thesen vermeidet; übrigens waren wir bereits in der ›Authoritarian Personality‹ auf die Neigung der »highs« gestoßen, abergläubische Sätze vor allem bedrohlichen und destruktiven Inhalts bereitwillig zu akzeptieren. Die Astrologiestudie fügte sich damit in die Kontinuität dessen ein, womit ich zuvor in Amerika mich beschäftigt hatte.

Das gilt auch für die Studie ›How to Look at Television‹, publiziert im Hollywood Quarterly of Film, Radio and Television, Spring 1954, ebenfalls später verwertet in der deutschen Arbeit ›Fernsehen als Ideologie‹ aus dem Band ›Eingriffe‹. Es bedurfte der gesamten Diplomatie von Dr. Hacker, um mir eine gewisse Anzahl von Fernsehmanuskripten zu verschaffen, die ich auf ihre ideologischen Implikationen, ihre gezielte Mehrschichtigkeit hin analysierte. Die Industrie gibt die Manuskripte höchst ungern aus der Hand. Beide Arbeiten rechnen zur Ideologieforschung. Im Herbst 1953 kehrte ich abermals nach Europa zurück. Seither bin ich nicht mehr in Amerika gewesen.

Sollte ich resümieren, was ich hoffe in Amerika gelernt zu haben, so wäre als erstes ein Soziologisches und für den Soziologen unendlich Wichtiges zu nennen: daß ich drüben, im Ansatz übrigens schon während meiner englischen Zeit, dazu veranlaßt wurde, nicht länger Verhältnisse, die geworden, historisch entstanden waren wie die in Europa, für natürliche zu halten, »not to take things for granted«. Mein verstorbener Freund Tillich sagte einmal, er sei erst in Amerika entprovinzialisiert worden; er hat damit wohl etwas Ähnliches gemeint. In Amerika wurde ich von kulturgläubiger Naivetät befreit, erwarb die Fähigkeit, Kultur von außen zu sehen. Um das zu verdeutlichen: mir war, trotz aller Gesellschaftskritik und allem Bewußtsein von der Vormacht der Ökonomie, von Haus aus die absolute Relevanz des Geistes selbstverständlich. Daß diese Selbstverständlichkeit nicht schlechterdings galt, darüber wurde ich in Amerika belehrt, wo kein stillschweigender Respekt vor allem Geistigen herrscht, wie in Mittel- und Westeuropa weit über die sogenannte Bildungsschicht hinaus; die Abwesenheit dieses Respekts veranlaßt den Geist zu kritischer Selbstbesinnung. Das tangierte insbesondere die europäischen Voraussetzungen musikalischer Kultur, von denen ich durchdrungen war. Nicht als ob ich diese Voraussetzungen verleugnet, meine Vorstellungen von solcher Kultur irgend preisgegeben hätte; aber es ist ein erheblicher Unterschied, ob man sie unreflektiert mitbringt oder ihrer inne wird gerade in ihrer Differenz von dem technologisch und industriell fortgeschrittensten Land. Dabei verkenne ich nicht, welche Verlagerung der Schwerpunkte des Musiklebens die materiellen Ressourcen in den USA unterdessen bewirkt haben. Als ich vor dreißig Jahren anfing, in Amerika mit Musiksoziologie mich zu beschäftigen, war das noch nicht abzusehen.

Wesentlicher, und beglückender, war die Erfahrung des Substantiellen demokratischer Formen: daß sie in Amerika ins Leben eingesickert sind, während sie zumindest in Deutschland nie mehr als formale Spielregeln waren und, wie ich fürchte, immer noch nicht mehr sind. Drüben lernte ich ein Potential realer Humanität kennen, das im alten Europa so kaum vorfindlich ist. Die politische Form der Demokratie ist den Menschen unendlich viel näher. Dem amerikanischen Leben eignet, trotz der vielbeklagten Hast, ein Moment von Friedlichkeit, Gutartigkeit und Großzügigkeit, das von der aufgestauten Bosheit und dem aufgestauten Neid, wie er in den Jahren 1933 bis 1945 in Deutschland explodierte, aufs äußerste sich abhebt. Wohl ist Amerika nicht mehr das Land der unbegrenzten Möglichkeiten, aber man hat immer noch das Gefühl, daß alles möglich wäre. Begegnet man etwa in soziologischen Studien in Deutschland immer wieder Aussagen von Probanden wie: Wir sind noch nicht reif zur Demokratie, dann wären in der angeblich so viel jüngeren Neuen Welt derlei Äußerungen von Herrschgier und zugleich Selbstverachtung schwer denkbar. Ich möchte damit nicht sagen, daß Amerika vor der Gefahr eines Umkippens zu totalitären Herrschaftsformen gefeit sei. Eine solche Gefahr liegt in der Tendenz der modernen Gesellschaft überhaupt. Aber wahrscheinlich ist die Resistenzkraft gegen faschistische Strömungen in Amerika doch größer als in irgendeinem europäischen Land, mit Ausnahme vielleicht von England, das in mehr Hinsichten, als wir gewohnt sind anzunehmen, keineswegs nur durch die Sprache, Amerika und das kontinentale Europa verbindet.

Europäische Intellektuelle wie ich sind geneigt, den Begriff der Anpassung, des adjustment, bloß als Negativum, als Auslöschung der Spontaneität, der Autonomie des einzelnen Menschen anzusehen. Es ist aber eine von Goethe und von Hegel scharf kritisierte Illusion, daß der Prozeß der Vermenschlichung und Kultivierung sich notwendig und stets von innen nach außen abspiele. Er vollzieht sich, wie Hegel es nannte, auch und gerade durch »Entäußerung«. Wir werden nicht dadurch freie Menschen, daß wir uns selbst, nach einer scheußlichen Phrase, als je Einzelne verwirklichen, sondern dadurch, daß wir aus uns herausgehen, zu anderen in Beziehung treten und in gewissem Sinn an sie uns aufgeben. Dadurch erst bestimmen wir uns als Individuen, nicht indem wir uns wie Pflänzchen mit Wasser begießen, um allseitig gebildete Persönlichkeiten zu werden. Ein Mensch, der unter äußerem Zwang, ja durch sein egoistisches Interesse zur Freundlichkeit gebracht wird, gelangt am Ende eher zu einer gewissen Humanität in seinem Verhältnis zu anderen Menschen als jemand, der nur, um mit sich selbst identisch zu sein – als ob diese Identität immer wünschbar wäre –, ein bösartiges, vermuffeltes Gesicht macht und einem von vornherein bedeutet, man sei für ihn eigentlich nicht vorhanden und habe in seine Innerlichkeit, die vielfach gar nicht existiert, nichts hineinzureden. Wir sollten hierzulande uns bemühen, nicht selber, indem wir über die amerikanische Oberflächlichkeit uns entrüsten, unsererseits oberflächlich und undialektisch uns zu verhärten.

Zu solchen allgemeinen Beobachtungen kommt etwas hinzu, das die spezifische Lage des Soziologen oder, weniger fachwissenschaftlich, dessen betrifft, der gesellschaftliche Erkenntnis für zentral, für untrennbar auch von Philosophie hält. Innerhalb der Gesamtentwicklung der bürgerlichen Welt haben fraglos die Vereinigten Staaten ein Extrem erreicht. Sie zeigen den Kapitalismus gleichsam in vollkommener Reinheit, ohne vorkapitalistische Restbestände. Nimmt man, im Gegensatz zu einer freilich hartnäckig verbreiteten Meinung, an, daß auch die anderen nicht-kommunistischen und nicht der Dritten Welt zugehörigen Länder auf einen ähnlichen Zustand sich hinbewegen, so bietet für einen Menschen, der weder in bezug auf Amerika noch auf Europa naiv sich verhält, Amerika die fortgeschrittenste Beobachtungsposition. Tatsächlich kann der Rückkehrer unendlich viel in Europa heraufkommen sehen oder bestätigt finden, was ihm in Amerika erstmals auffiel. Was immer eine Kulturkritik, die den Begriff von Kultur ernst nimmt, durch dessen Konfrontation mit amerikanischen Zuständen seit Tocqueville und Kürnberger gegen jene wird einzuwenden haben, man wird, wenn man sich nicht elitär sperrt, in Amerika der Frage nicht ausweichen können, ob nicht der Begriff von Kultur, in dem man groß geworden ist, selber veraltete; ob nicht das, was der Kultur heute der Gesamttendenz nach widerfährt, die Quittung auf ihr eigenes Mißlingen ist, auf die Schuld, welche sie dadurch auf sich lud, daß sie als Sondersphäre des Geistes sich abkapselte, ohne in der Einrichtung der Gesellschaft sich zu verwirklichen. Gewiß ist das auch in Amerika nicht geschehen, aber der Horizont solcher Verwirklichung ist nicht ebenso verbaut wie in Europa. Angesichts des quantitativen Denkens in Amerika, mit all seinen Gefahren von Undifferenziertheit und Verabsolutierung des Durchschnitts, muß der Europäer davon sich beunruhigen lassen, wie weit in der gesellschaftlichen Welt heute qualitative Differenzen überhaupt noch substantiell sind. Jetzt schon sehen die Flughäfen allerorten in Europa, Amerika, im Ostbereich, wohl auch in den Staaten der Dritten Welt einander zum Verwechseln ähnlich; jetzt schon ist es eine Frage kaum mehr von Tagen sondern von Stunden, aus einem Land ins entlegenste zu reisen. Die Unterschiede nicht nur des Lebensstandards sondern auch der besonderen Beschaffenheit der Völker und ihrer Existenzformen nehmen einen anachronistischen Aspekt an. Allerdings ist ungewiß, ob tatsächlich die Gleichheiten das Entscheidende, die qualitativen Differenzen das bloß Rückständige sind, und vor allem: ob nicht in einer vernünftig eingerichteten Welt das qualitativ Verschiedene wiederum zu einem Recht käme, das gegenwärtig von der Einheit der technologischen Vernunft nur unterdrückt wird. Erwägungen dieser Art jedoch wären überhaupt nicht vollziehbar ohne amerikanische Erfahrung. Kaum ist es übertrieben, daß ein jegliches Bewußtsein heute etwas Reaktionäres hat, das nicht, sei es auch mit Widerstand, jene Erfahrung sich wahrhaft zugeeignet hätte.

Dem darf ich zum Ende vielleicht noch ein Wort über die spezifische Bedeutung der wissenschaftlichen Erfahrung in Amerika für mich selbst und mein Denken hinzufügen. Es weicht erheblich vom common sense ab. Hegel aber hat, darin allem späteren Irrationalismus und Intuitionismus überlegen, den größten Nachdruck darauf gelegt, daß das spekulative Denken nicht ein von dem sogenannten gesunden Menschenverstand, dem common sense, absolut Verschiedenes sei, sondern wesentlich in dessen kritischer Selbstreflexion und Selbstbesinnung bestände. Hinter diese Erkenntnis darf auch ein Bewußtsein nicht zurückfallen, das den Idealismus der Hegelschen Gesamtkonzeption ablehnt. Wer in der Kritik des common sense so weit geht wie ich, muß die einfache Forderung erfüllen, daß er common sense hat. Er darf nicht über etwas sich zu erheben beanspruchen, dessen Disziplin er selbst nicht zu genügen vermag. Erst in Amerika habe ich wahrhaft das Gewicht dessen erfahren, was Empirie heißt, sosehr im übrigen auch von früh auf das Bewußtsein mich leitete, daß fruchtbare theoretische Erkenntnis anders als in engster Fühlung mit ihren Materialien nicht möglich ist. Umgekehrt habe ich an der Gestalt des in wissenschaftliche Praxis umgesetzten Empirismus in Amerika einsehen müssen, daß die volle, unreglementierte Breite der Erfahrung durch die empiristischen Spielregeln beengter ist, als es im Begriff der Erfahrung selbst liegt. Nicht die falscheste Bezeichnung dessen, was mir nach all dem vorschwebt, wäre eine Art Restitution von Erfahrung gegen ihre empiristische Zurichtung. Das nicht zuletzt wird mich, neben der Möglichkeit, in Europa die eigenen Intentionen einstweilen ungehinderter verfolgen und zur politischen Aufklärung einiges helfen zu können, zur Rückkehr bewogen haben. Weder jedoch hat diese an meiner Dankbarkeit, auch an der intellektuellen Dankbarkeit, das geringste geändert, noch glaube ich, daß ich je als Gelehrter vernachlässigen werde, was ich in und an Amerika lernte.

Meinung Wahn Gesellschaft

Der Begriff der *öffentlichen* Meinung wird, trotz seiner Mehrdeutigkeit, weithin positiv akzeptiert. Der von der Philosophie seit Platon tradierte von Meinung *überhaupt* ist insofern neutral, wertfrei, als ihm zufolge Meinungen richtig oder falsch sein können. Beidem steht die Vorstellung von pathogenen, abartigen, wahnhaften Meinungen gegenüber, oft verbunden mit dem Begriff des Vorurteils. Nach dieser schlichten Zweiteilung soll es auf der einen Seite etwas wie gesunde, normale Meinung geben, auf der anderen solche extremer, exzentrischer, bizarrer Natur. In Amerika heißen etwa die Ansichten faschistischer Splittergruppen die eines lunatic fringe, eines verrückten Randes der Gesellschaft. Seine Pamphlete, zu deren Gedankengut trotz aller Widerlegung die Ritualmorde und die Protokolle der Weisen von Zion zählen, gelten als »skurril«. Tatsächlich läßt ein Moment des Irren an solchen Produkten kaum sich übersehen, das allerdings wohl gerade das Ferment ihrer Wirkung ist. Eben das jedoch sollte gegen eine eingeschliffene Konsequenz der verbreiteten Vorstellung mißtrauisch machen: daß die normale Meinung bei der Majorität über die wahnhafte notwendig siege. Nicht anders dachte sich der naiv liberale Leser des Berliner Tageblatts zwischen den beiden Kriegen die Welt, als eine des common sense, die zwar von rabiaten Leuten rechts und links gestört werde, aber doch Recht behalten müsse. So groß war das Vertrauen in die normale Meinung gegenüber der fixen Idee, daß manche älteren Herren ihrem Leibblatt weiterhin trauten, als es längst von den Nationalsozialisten gleichgeschaltet war, die nur noch, schlau genug, die alte Titeltype beibehielten. Die Erfahrung, die jene Abonnenten zu machen hatten, als ihre Besonnenheit, sobald es nicht mehr nach den approbierten Spielregeln zuging, von einem Tag zum anderen in hilflose Torheit sich verkehrte, sollte aber zur kritischen Besinnung auf ein argloses Bild von Meinung als solcher nötigen, das eine normale und eine abnorme friedlich und unverbunden nebeneinander ausmalt. Nicht bloß ist die Annahme, vorweg sei das Normale wahr und das Abweichende falsch, überaus dubios, selber die Glorifizierung bloßer Meinung, nämlich der herrschenden, die das Wahre nicht anders zu denken vermag denn als das, was alle denken. Sondern die sogenannte pathische Meinung, die Deformationen des Vorurteils, des Aberglaubens, des Gerüchts, des kollektiven Wahns, wie sie die Geschichte, und zumal die aller Massenbewegungen, durchwachsen, sind vom Begriff der Meinung gar nicht zu trennen. Schwer fiele es, a priori zu entscheiden, was zum einen oder anderen rechnet; die Geschichte enthält auch das Potential, daß hoffnungslos isolierte und ohnmächtige Ansichten durch den Verlauf sei es als vernünftig verifiziert werden, sei es trotz ihrer Absurdität zur Herrschaft gelangen. Darüber hinaus jedoch entspringt die pathische Meinung, das Deformierte und Aberwitzige von Kollektivideen, in der Dynamik des Begriffs der Meinung selbst, in der wiederum die reale Dynamik der Gesellschaft steckt, die solche Meinungen, die falsches Bewußtsein notwendig produziert. Soll der Widerstand dagegen nicht von Anbeginn zur Harmlosigkeit und Hilflosigkeit verurteilt sein, so ist die Tendenz zur pathischen Meinung aus der normalen herauszulesen.

Meinung ist die wie immer auch eingeschränkte Setzung eines subjektiven, in seinem Wahrheitsgehalt beschränkten Bewußtseins als gültig. Die Gestalt solcher Meinung mag wirklich harmlos sein. Sagt jemand, er meine, das neue Fakultätsgebäude sei sieben Stockwerke hoch, so kann das bedeuten, er habe das von Dritten gehört, wisse es aber nicht genau. Ganz anderen Sinnes ist, wenn jemand sagt, er jedenfalls meine, daß die Juden eine mindere Rasse von Schädlingen seien, wie in Sartres instruktivem Beispiel vom Onkel Armand, der darum sich als etwas fühlt, weil er die Engländer verabscheut. Hier schränkt das »Ich meine« nicht das hypothetische Urteil ein, sondern unterstreicht es. Indem so einer seine untriftige, durch keine Erfahrung erhärtete, durch keine Überlegungen bündige Meinung als die seine proklamiert, verleiht er ihr, mag er sie auch scheinbar einschränken, gerade durch die Beziehung auf ihn selbst als Subjekt Autorität, die des Bekenntnisses. Durchschimmert, daß er mit Leib und Seele dahintersteht; er habe die Zivilcourage, Unbeliebtes, in Wahrheit freilich nur allzu Beliebtes zu sagen. Umgekehrt ist ebenso verbreitet die Neigung, wenn man auf ein triftiges und begründetes Urteil stößt, das einem unbequem ist, ohne daß man es doch widerlegen könnte, es dadurch zu disqualifizieren, daß man es als bloße Meinung hinstellt. In einem Vortrag zum hundertsten Todestag Schopenhauers[1] war mit Evidenz ausgeführt worden, daß die Differenz zwischen Schopenhauer und Hegel nicht so absolut sei, wie sie nach Schopenhauers Invektiven erscheint, und daß in dem emphatischen Begriff der Negativität des Daseins die beiden, ohne es von sich selbst zu wissen, sich berühren. Ein Zeitungsschreiber, der von Hegel nichts anderes mag gewußt haben, als daß Schopenhauer auf ihn schimpfte, versah in seinem Bericht jene These des Vortragenden mit einem »nach seiner Ansicht«, durch das der Reporter sich das Air der Überlegenheit über Gedanken zulegte, die er schwerlich mitdenken oder gar überprüfen konnte. Meinung war die des Reporters, nicht die des Vortragenden: dieser hatte etwas erkannt; während aber der Reporter ihn der bloßen Meinung verdächtigte, hatte er selber bereits zu seinem Vorteil einem Mechanismus gehorcht, der die Meinung, nämlich seine unmaßgeblich eigene, als Kriterium der Wahrheit unterschiebt, die sie virtuell abschafft.

Bei harmlosen Meinungen wie der dessen, der nicht genau weiß, wie viele Stockwerke das neue Gebäude hat, bleibt es selten. Zwar kann das Individuum an seiner Meinung Reflexion üben und sich hüten, sie zu hypostasieren. Die Kategorie der Meinung selbst aber, als eine objektive Stufe des Geistes, ist gepanzert gegen solche Reflexion. Das läßt zunächst auf einfache Tatbestände der individuellen Psychologie sich zurückführen. Wer eine Meinung hat über eine Frage, die einigermaßen offen ist, nicht vorentschieden; deren Beantwortung nicht ebenso leicht sich überprüfen läßt wie die Anzahl der Stockwerke eines Gebäudes, neigt dazu, sich in diese Meinung festzumachen oder, nach der Sprache der Psychoanalyse, sie affektiv zu besetzen. Töricht wäre, wer immer von dieser Neigung sich freispräche. Sie beruht auf *Narzißmus*, also darauf, daß die Menschen bis heute dazu gehalten sind, ein Maß ihrer Liebesfähigkeit nicht etwa geliebten Anderen zuzuwenden, sondern sich selber, auf eine verdrückte, uneingestandene und darum giftige Weise zu lieben. Was einer für eine Meinung hat, wird als sein Besitz zu einem Bestandstück seiner Person, und was die Meinung entkräftet, wird vom Unbewußten und Vorbewußten registriert, als werde ihm selber geschadet. Rechthaberei, der Hang der Men-

1 Vgl. Max Horkheimer, »Die Aktualität Schopenhauers«, in: ders., Theodor W. Adorno, *Sociologica II. Reden und Vorträge*, Frankfurt/M. ²1967, 124ff.

schen, törichte Meinungen selbst dann hartnäckig zu verteidigen, wenn ihre Falschheit rational einsichtig geworden ist, bezeugt die Verbreitung des Sachverhalts. Der Rechthaber entwickelt, um nur ja die narzißtische Schädigung von sich fern zu halten, die ihm durch die Preisgabe der Meinung widerfährt, einen Scharfsinn, der oft weit seine intellektuellen Verhältnisse übersteigt. Die Klugheit, die in der Welt aufgewandt wird, um narzißtisch Unsinn zu verteidigen, reichte wahrscheinlich aus, das Verteidigte zu verändern. Vernunft im Dienst der Unvernunft – nach Freuds Sprache: die Rationalisierung – springt der Meinung bei und verhärtet sie so, daß sich weder mehr daran rühren läßt, noch ihre Absurdität offenbar wird. Über den aberwitzigsten Meinungen wurden erhabene Lehrgebäude errichtet. Man mag bei der Genese solcher verhärteten Meinung – und sie ist eins mit deren Pathogenese – über die Psychologie hinausgehen. Die Setzung einer Meinung, die bloße Aussage, irgend etwas sei so, enthält potentiell bereits Fixierung, Verdinglichung, noch ehe die psychologischen Mechanismen ins Spiel kommen, welche die Meinung zum Fetisch verhexen. Die logische Form des Urteils, gleichgültig ob richtig oder falsch, hat in sich etwas Herrschaftliches, Verfügendes, das dann in der Insistenz auf Meinungen als auf einem Besitz sich widerspiegelt. Überhaupt eine Meinung haben, urteilen, dichtet sich schon in gewissem Maß gegen die Erfahrung ab und tendiert zum Wahn, während andererseits doch nur der zum Urteil Fähige Vernunft hat: das ist vielleicht der tiefste und untilgbare Widerspruch im Meinen.

Ohne festgehaltene Meinung, ohne Hypostasis eines nicht ganz Erkannten, ohne Hinnahme von etwas als Wahrheit, von dem man gar nicht durchaus weiß, ob es die Wahrheit sei, ist Erfahrung, ja die Erhaltung des Lebens kaum möglich. Der verängstigte Fußgänger, der eine Straße überschreitet und, bei gelbem Licht, urteilt, wenn er jetzt noch hinübergehe, werde er überfahren werden, ist nicht ganz sicher, ob das wirklich geschehen wird. Das nächste Auto könnte einmal einen humanen Fahrer haben, der noch nicht auf den Gashebel tritt. Aber im Augenblick, in dem der Fußgänger darauf sich verließe und gegen das Licht die Straße überschritte, nur weil er kein Prophet sei, würde er mit größter Wahrscheinlichkeit getötet. Um so sich zu verhalten, wie es der gesunde Menschenverstand der Selbsterhaltung von ihm verlangt, muß er gleichsam übertreiben. Alles Denken ist Übertreibung, insofern als jeder Gedanke, der überhaupt einer ist, über seine Einlösung durch gegebene Tatsachen hinausschießt. In dieser Differenz zwischen Gedanken und Einlösung nistet aber wie das Potential der Wahrheit so auch das des Wahns. Darauf dann, daß überhaupt keinem Gedanken jemals die Garantie beigegeben sei, ob nicht die Erwartung enttäuscht werde, die er enthält, kann der Wahn erst recht sich berufen. Isoliert bündige, absolut zuverlässige Einzelkriterien gibt es nicht, die Entscheidung ist nur durch ein Gefüge komplexer Vermittlungen hindurch zu fällen. Husserl hat einmal darauf hingewiesen, daß der Einzelne zahllose Sätze als gültig unterstellen muß, die er weder auf ihre Bedingungen zurückführen noch ganz verifizieren kann. Der tägliche Umgang mit der Technik, der ja längst kein Privileg von Fachausbildung mehr ist, zeitigt unablässig solche Situationen. Der Unterschied von Meinung und Einsicht, nämlich daß die Einsicht die verifizierte Meinung sei, so wie es die übliche Erkenntnistheorie lehrt, war meist eine leere Versprechung, der die tatsächlichen Erkenntnisakte selten sich anmaßen; die Menschen sind individuell und kollektiv genötigt, auch mit Meinungen zu operieren, die ihrer Prüfung prinzipiell entzogen sind. Indem aber der Unterschied von Meinung und Einsicht dadurch selbst der lebendigen Erfahrung entgleitet und als abstrakte Behauptung fern am Horizont hängt, büßt er zumindest subjektiv, im Bewußtsein der Menschen, seine Substanz ein. Sie verfügen über kein Mittel, sich prompt dagegen zu schützen, daß sie ihre Meinungen für Einsichten und Einsichten für bloße Meinung halten. Haben die Philosophen seit Heraklit auf den Vielen herumgehackt, die in der bloßen Meinung befangen blieben, anstatt das wahre Wesen der Dinge zu erkennen, so hat ihr Elite-Denken der underlying population nur eine Schuld aufgebürdet, die bei der Einrichtung der Gesellschaft liegt. Denn die Instanz, welche den Menschen die ad Kalendas Graecas verschobene Entscheidung über Meinung und Wahrheit abnimmt, ist die Gesellschaft. Die communis opinio substituiert die Wahrheit, faktisch, schließlich indirekt auch in manchen positivistischen Erkenntnistheorien. Über das, was wahr und was bloße Meinung, nämlich Zufall und Willkür sein soll, entscheidet nicht, wie die Ideologie es will, die Evidenz sondern die gesellschaftliche Macht, die das als bloße Willkür denunziert, was mit ihrer eigenen Willkür nicht zusammenstimmt. Die Grenze zwischen der gesunden und der pathogenen Meinung wird in praxi von der geltenden Autorität gezogen, nicht von sachlicher Einsicht.

Je mehr diese Grenze verfließt, desto ungehemmter wuchert die Meinung fort. Ihr Korrektiv, das, wodurch sie zur Erkenntnis werden kann, ist die Beziehung des Gedankens zu seinem Gegenstand. Indem er mit diesem sich sättigt, verändert er sich und entäußert sich des Moments der Beliebigkeit; Denken ist keine bloß subjektive Tätigkeit, sondern wesentlich, als was die Philosophie auf ihrer Höhe es wußte, der dialektische Prozeß zwischen Subjekt und Objekt, in dem beide Pole sich selbst überhaupt erst bestimmen. Auch das Organ des Denkens, Klugheit, besteht nicht allein in der formalen Kraft des subjektiven Vermögens, Begriffe, Urteile, Schlüsse korrekt zu bilden, sondern zugleich in der Fähigkeit, dies Vermögen an das zu wenden, was ihm selbst nicht gleicht. Das von der Psychologie »Kathexis« genannte Moment, die Besetzung des Objekts im Denken, ist diesem nicht äußerlich, nicht nur psychologisch, sondern die Bedingung seiner Wahrheit. Wo es verkümmert, verdummt die Intelligenz. Blindheit gegen den Unterschied von Wesentlichem und Unwesentlichem ist dafür ein erster Index. Etwas von dieser Dummheit triumphiert, wann immer die Denkmechanismen sich selbst entrollen, leerlaufen, ihre Formalismen und Ordnungsbestimmungen anstelle der Sache setzen. Spuren dessen trägt die Meinung, die sich in sich festmacht und widerstandslos weitergeht. Meinung ist zunächst Bewußtsein, das seinen Gegenstand noch nicht hat. Schreitet aber solches Bewußtsein lediglich vermöge des eigenen Motors fort, ohne Fühlung mit dem, was es meint und was es eigentlich erst fassen soll, so wird es ihm zu leicht. Meinung, als die von ihrem Gegenstand noch getrennte ratio, gehorcht einer Art von Kräfteökonomie, folgt der Linie des geringsten Widerstands, wenn sie undurchbrochen der bloßen Konsequenz sich überläßt. Diese erscheint ihr ein Verdienst, während sie vielfach nur Mangel dessen ist, was Hegel die »Freiheit zum Objekt« nannte, nämlich die des Gedankens dazu, in der Sache sich selbst zu vergessen und sich zu verändern. Brecht hat dem sehr drastisch den Grundsatz kontrastiert, wer A sagt, müsse nicht B sagen. Bloße Meinung neigt zu jenem Nichtaufhören-Können, das pathische Projektionen heißen darf.[2]

2 Vgl. Max Horkheimer, Theodor W. Adorno, *Dialektik der Aufklärung*, Amsterdam 1947, 220ff.

Zugleich aber ist die permanente Wucherung des Meinens vom Objekt her motiviert. Die Undurchsichtigkeit der Welt nimmt offenbar für das naive Bewußtsein zu, während sie in so vielem durchsichtiger wird. Ihre Übermacht, welche es verwehrt, die dünne Fassade zu durchstoßen, verstärkt solche Naivetät, anstatt daß sie, wie der arglose Bildungsglaube es möchte, geringer würde. An was aber Erkenntnis nicht heranreicht, dessen bemächtigt sich die Meinung als deren Ersatz. Trügend räumt sie die Fremdheit zwischen dem erkennenden Subjekt und der ihm entgleitenden Realität weg. Dabei verrät sich in der Inadäquanz der bloßen Meinung jene Entfremdung selber. Weil dies nicht unsere Welt, weil sie heteronom ist, deshalb kann sie in der verbissenen und hartnäckigen Meinung nur verzerrt sich ausdrücken, und solcher Wahn in der Meinung tendiert dann wiederum dazu, schließlich in totalitären Systemen die Übermacht des Entfremdeten zu vermehren. Darum genügt es weder für die Erkenntnis noch für eine verändernde Praxis, auf den Nonsens der unsäglich populären Anschauungen hinzuweisen, nach denen Menschen sich den Charakterologien und Prognosen unterwerfen, die eine kommerziell wiedererweckte und standardisierte Astrologie an die Tierkreiszeichen knüpft.[3] Nicht einfach deshalb werden die Menschen sich selbst zum Stier und zur Jungfrau, weil sie so dumm sind, der Suggestion der Zeitungsspalten zu gehorchen, die als selbstverständlich unterstellen, etwas sei daran, sondern weil ihnen jene Clichés, und die stupiden Anweisungen zu einem Leben, die bloß verdoppeln, was sie ohnehin müssen, ihnen wie sehr auch scheinhaft die Orientierung erleichtern und momentan das Gefühl ihrer Fremdheit dem Leben, auch dem eigenen gegenüber beschwichtigen. Die Resistenzkraft der bloßen Meinung erklärt sich aus deren psychischer Leistung. Sie bietet Erklärungen an, durch die man die widerspruchsvolle Wirklichkeit widerspruchslos ordnen kann, ohne sich groß dabei anzustrengen. Hinzu kommt die narzißtische Befriedigung, welche die Patentmeinung gewährt, indem sie ihre Anhänger darin bestärkt, sie hätten es immer gewußt und gehörten zu den Wissenden. Das Selbstvertrauen der unentwegt Meinenden fühlt sich gefeit gegen jedes abweichende konträre Urteil. Diese psychische Leistung wird

3 Vgl. Theodor W. Adorno, »Aberglaube aus zweiter Hand«, in: *Sociologica II*, 142 ff. [jetzt auch: *Gesammelte Schriften*, Bd. 8: *Soziologische Schriften I*, Frankfurt/M. 1972, 147 ff.].

aber von pathischen Meinungen weit besser erfüllt als von den angeblich gesunden. Karl Mannheim hat einmal darauf aufmerksam gemacht, wie genial der Rassewahn dadurch ein massenpsychologisches Bedürfnis befriedige, daß er es der Majorität erlaubt, sich als Elite zu fühlen und für die Ahnung ihrer Ohnmacht und Inferiorität an einer potentiell wehrlosen Minorität sich zu rächen. Die Ich-Schwäche heute, die gar nicht nur psychologisch ist, sondern in der der seelische Mechanismus die reale Ohnmacht des Einzelnen gegenüber der vergesellschafteten Apparatur registriert, wäre einem unerträglichen Maß an narzißtischer Kränkung ausgesetzt, wenn sie nicht, durch Identifikation mit der Macht und Herrlichkeit des Kollektivs, sich einen Ersatz suchen würde. Eben dazu taugen die pathischen Meinungen, die unaufhaltsam aus dem infantil narzißtischen Vorurteil hervorgehen, man selber sei gut und was anders ist, minderwertig und schlecht.

Die Entwicklung der Meinung zur pathischen erinnert an jene Dinosaurier, deren Geschichte, mit zunehmender Spezialisierung der Organe, die sie immer besser für den Kampf ums Dasein ausstattete, in der Endphase Mißbildung und Auswüchse hervorbrachte. Man nähme solche Entwicklung zu leicht, wenn man sie lediglich von den Menschen, ihrer Psychologie, allenfalls einer Tendenz des Denkens selbst herleiten wollte. Die Zersetzung von Wahrheit durch Meinung samt all dem Verhängnis, das sie involviert, weist zurück auf das, was, zwangvoll und keineswegs als widerrufliche Aberration, mit der Idee von Wahrheit selber sich zutrug. Diese Idee, als die eines Objektiven, unveränderlich sich selbst Gleichbleibenden, Einheitlichen und an sich Seienden, war das Maß, an dem Platon den Gegenbegriff der bloßen Meinung abgelesen und diese als fragwürdig, Subjektives kritisiert hatte. Die Geschichte des Geistes aber hat diesen starren Gegensatz von den Ideen als dem Wahren, und dem bloß Seienden, in dessen Bann die hinfälligen Meinungen gefangen sind, nicht unproblematisch stehen lassen. Aristoteles schon wandte ein, daß Idee und Dasein durch keinen Abgrund getrennt, sondern wechselseitig aufeinander verwiesen sind. Kritik hat in zunehmendem Maße die Idee der an sich seienden Wahrheit, die bei Platon der Meinung, der doxa, entgegensteht, selber als bloße Meinung angegriffen und die Frage nach der objektiven Wahrheit zurückgewandt auf das Subjekt, das da erkennen, vielleicht gar solche Wahrheit aus sich heraus erzeugen soll. Auf ihrer Höhe in Kant und Hegel hat die spätere abendländische Metaphysik versucht, die Objektivität von Wahrheit durch ihre Subjektivierung hindurch zu erretten, ja sie dem Inbegriff von Subjektivität, dem Geist gleichzusetzen. Diese Konzeption hat aber weder in den Menschen noch gar in der Wissenschaft sich durchgesetzt. Die Naturwissenschaften verdanken ihre bestechendsten Erfolge gerade einer Preisgabe der Lehre von der Selbständigkeit der Wahrheit, der reinen Formen, und der rückhaltlosen Einschränkung des Wahren auf primär subjektiv beobachtete, dann verarbeitete Tatsachen. Damit ist der Lehre von der an sich seienden Wahrheit etwas von ihrer eigenen Unwahrheit heimgezahlt worden, von jenem Übermut des Subjekts, das sich selbst schließlich zur Objektivität und zur Wahrheit aufwirft und eine Gleichheit oder Versöhntheit von Subjekt und Objekt behauptet, die vom widerspruchsvollen Charakter der Welt Lügen gestraft wird.

Neuerdings wird die Aporie des objektiven Vernunftbegriffs obskurantistisch ausgeschlachtet. Weil man nicht wie mit einem Verwaltungsakt unmittelbar, absolut ausmachen kann, was Wahrheit und was Meinung sei, wird der Unterschied zum höheren Ruhm der Meinung schlechthin geleugnet. Die Fusion von Skepsis und Dogmatismus, deren bereits Kant gewahr wurde, und deren Überlieferung bis in die Anfänge des bürgerlichen Denkens, bis zu Montaignes Verteidigung von Sebond zurückzuverfolgen wäre, feiert fröhliche Urständ in einer Gesellschaft, die vor der eigenen Vernunft zittern muß, weil es noch nicht Vernunft ist. Eingespielt hat sich dafür die Formel: Vernunftglaube. Weil ein jedes Urteil verlange, daß das Subjekt das Geurteilte annehme, also daran glaube, sei der Unterschied zwischen bloßer Meinung oder Glauben und gegründetem Urteil überhaupt hinfällig. Wer rational sich verhalte, der glaube an die ratio ebenso wie der Irrationale an sein Dogma. Deshalb sei das dogmatische Bekenntnis zu einem vermeintlich Geoffenbarten vom selben Wahrheitsgehalt wie die vom Dogma emanzipierte Einsicht. In der Abstraktheit der These versteckt sich ihr Trug. Glaube hier und dort ist ein ganz Verschiedenes: beim Dogma ein sich Festmachen in Sätze, die wider die Vernunft gehen oder ihr inkompatibel sind, bei der Vernunft nichts anderes als die Verpflichtung auf eine Verhaltensweise des Geistes, die nicht gewalttätig sich sistiert oder durchstreicht, sondern in der Negation der falschen Meinung bestimmt sich fortbewegt. Vernunft ist unter keinen allgemeineren Begriff von Glauben oder Meinung zu subsumieren. Sie hat ihren spezifischen Gehalt an der Kritik dessen, was unter diese Kategorien fällt und an sie sich bindet. Das individuelle Moment des Für-wahr-Haltens, das im übrigen gerade auch die geschärfte Theologie als insuffizient von sich weist, ist der Vernunft unwesentlich. Ihr Interesse ist die Erkenntnis; nicht, wofür diese sich hält. Ihre Richtung führt das Subjekt von sich weg, anstatt es in seinen ephemeren Überzeugungen zu bestärken. Bloß in schlecht souveräner Äußerlichkeit lassen Meinung und Einsicht aufs Gemeinsame subjektiver Zueignung eines Bewußtseinsinhalts sich nivellieren; eher ist dies je Gemeinsame, die subjektive Beschlagnahme, bereits der Übergang zum Falschen. In der Motivationsweise eines jeglichen Einzelsatzes, wie fehlbar auch immer er sei, tritt der Unterschied konkret hervor. Mit schöner Unbefangenheit, die auch durch den allzu psychologischen Ton nicht getrübt wird, hat Arthur Schnitzler vor einem Menschenalter aufgezeichnet: »Es ist meist bewußte Unaufrichtigkeit, die Dogmen der Kirche mit den Dogmen der Wissenschaft, selbst wo diese zweifelhaft sein sollten, auf eine Stufe zu stellen. Was – selbst zu Unrecht – als wissenschaftliches Dogma gilt, verdankt seinen Rang in jedem Falle der Ehrlichkeit und der Mühe von Denkern und Forschern und der Nachprüfung von Hunderttausenden Beobachtungen. Das kirchliche Dogma ist im allerbesten Falle die gutgläubige Behauptung eines Visionärs, an die zu glauben Hunderttausende oft nur durch Terrorismus gezwungen werden.«[4] Hinzuzufügen wäre dem freilich, daß Vernunft, will sie nicht tatsächlich zweitem Dogmatismus sich verschreiben, auch auf den Begriff von Wissenschaft kritisch zu reflektieren hätte, den Schnitzler noch einigermaßen naiv unterstellte. In solcher Reflexion hat Philosophie ihre Stätte; als sie noch auf sich vertraute, war ihr Wissenschaft nichts anderes, als was solche Selbstreflexion vollbringt, und daß auf diese verzichtet wird, ist selbst Symptom der Rückbildung aufs bloße Meinen.

Denn das geschwächte und der Realität immer hörigere Bewußtsein verliert mittlerweile die Fähigkeit, jene Anspannung der Reflexion zu leisten, die ein Begriff von Wahrheit fordert, der nicht dinghaft und abstrakt der bloßen Subjektivität gegenübersteht, sondern sich entfaltet durch Kritik, kraft der wechselseitigen Ver-

4 Arthur Schnitzler, »Bemerkungen. Aus dem Nachlaß«, in: *Die neue Rundschau* 73 (1962), 350.

mittlung von Subjekt und Objekt. Im Namen der Wahrheit also, die den Wahrheitsbegriff als eine Schimäre, ein Stück übriggebliebener Mythologie liquidiert, wird die Unterscheidung von Wahrheit und Meinung selbst immer prekärer. Gewiß stellt das gesellschaftliche Bewußtsein, das längst vom philosophischen wie von einer Spezialbranche sich abgeschieden hat, solche Erwägungen nicht an. Aber sie spiegeln sich wider in den Verfahrungsweisen der Forschung, die zum Modell von Erkenntnis überhaupt, im Gegensatz zu bloßer Meinung wurde. Daher ihre Gewalt. Vorgänge, die, wenn man so reden darf, im Inneren des philosophischen Begriffs sich zutragen, haben ihre Konsequenzen für das alltägliche, zumal das gesellschaftliche Bewußtsein. Stillschweigend verzichtet es auf eine Unterscheidung von Wahrheit und Meinung, welche die Bewegung des Geistes nicht unberührt ließ. Dem gewitzigten Bewußtsein wird Wahrheit vielfach so zur Meinung wie jenem Journalisten. Meinung aber substituiert sich als Wahrheit. Anstelle der zugleich problematischen und verpflichtenden Idee von Wahrheit an sich tritt die bequemere der Wahrheit für uns, sei es für alle, sei es wenigstens für viele. »Thirteen million Americans can't be wrong«, heißt ein beliebter Reklameslogan, getreueres Echo des Geistes der Epoche, als dem abgekapselten Stolz derer recht ist, die als Kulturelite sich fühlen. Der Durchschnitt der Meinung wird – mit der gesellschaftlichen Macht, die in ihm sich zusammenballt – zum Fetisch, auf den die Attribute der Wahrheit sich übertragen. Unvergleichlich viel leichter, das Armselige darin zu spüren, darüber sich zu entrüsten oder es zu belächeln, als ihm stringent zu begegnen. Auch die wunderlichen Zumutungen der jüngsten Gestalt der Auflösung des Wahrheitsbegriffs, in manchen – nicht allen – Richtungen des logischen Positivismus, springen in die Augen, während sie gleichzeitig auf ihrem eigenen Boden sehr schwer nur sich widerlegen lassen. Denn das setzte eben jene Beziehungen des Gedankens auf die Sache, jene Erfahrung voraus, die im Namen der Verwandlung des Denkens in eine von der Sache möglichst unabhängige Methode zum alten Eisen geworfen wird. Zeitgemäß ist jener alte common sense, der, während er auf die eigene Vernünftigkeit so viel sich zugute tut, gleichzeitig hämisch der Vernunft abschwört, wissend, daß es in der Welt nicht auf den Gedanken ankommt, sondern auf Besitz und Macht, und der es auch gar nicht anders will. Was sich als die unbestechliche Skepsis dessen geriert, der sich keinen blauen Dunst vormachen lassen will, ist das Achselzucken des Bürgers, »was wird schon sein«, wie es an einer Stelle von Becketts ›Endspiel‹ heißt, die befriedigte Verkündung der subjektiven Relativität aller Erkenntnis. Sie läuft darauf hinaus, daß das sture und verblendete subjektive Eigeninteresse das Maß aller Dinge sein und bleiben solle.

Man kann das an der Geschichte eines der wichtigsten gesellschaftstheoretischen Begriffe wie im Reagenzglas studieren, dessen der Ideologie. In seiner vollen theoretischen Ausbildung war der Ideologiebegriff an eine Lehre von der Gesellschaft geknüpft, die sich als objektiv verstand, den objektiven Bewegungsgesetzen der Gesellschaft nachfragte und eine richtige Gesellschaft dachte, eine, in der objektive Vernunft realisiert, die Illogizität der Geschichte, ihre blinden Widersprüche beseitigt wären. Ideologie hieß dieser Theorie gesellschaftlich notwendiges falsches Bewußtsein, also der Gegensatz zu einem wahren, und war nur in diesem Gegensatz zu bestimmen, zugleich aber selbst ableitbar aus objektiven gesellschaftlichen Gesetzmäßigkeiten, zumal aus der Struktur der Warenform. Noch in ihrer Unwahrheit, als Ausdruck solcher Notwendigkeit, war Ideologie auch ein Stück Wahrheit. Die spätere Wissenssoziologie, insbesondere die von Pareto und Mannheim, hat sich etwas auf ihre wissenschaftlich geläuterte Begrifflichkeit und dogmenfreie Aufgeklärtheit zugute getan, als sie diesen Ideologiebegriff durch einen ersetzte, den sie nicht zufällig den totalen nannte und der mit blinder, totaler Herrschaft nur allzu gut sich zusammenreimte.[5] Jegliches Bewußtsein soll demnach vorweg interessenbedingt, bloße Meinung sein; die Idee der Wahrheit selbst verdünnt sich zu einer aus diesen Meinungen zu komponierenden Perspektive, ungeschützt gegen den Einwand, auch sie sei nichts als Meinung, die der freischwebenden Intelligenz. Durch solche universale Erweiterung verliert der kritische Ideologiebegriff seinen Sinn. Weil, der lieben Wahrheit zu Ehren, alle Wahrheiten doch bloß Meinungen seien, weicht die Idee von Wahrheit der Meinung. Die Gesellschaft wird von der Theorie nicht länger kritisch analysiert, sondern bestätigt als das, wozu sie real zunehmend wird, ein Chaos ungelenkter, zufälliger Ideen und Kräfte, deren Blindheit das Ganze dem Untergang zutreibt. – Wie schwer die von Nietzsche

5 Vgl. »Ideologie«, in: Institut für Sozialforschung (Hg.), *Soziologische Exkurse. Nach Vorträgen und Diskussionen*, Frankfurt/M. 1956, 162 ff.

großartig antezipierte Selbstvernichtung der Wahrheit durch einen unreflektiert losgelassenen Prozeß von Aufklärung zu nehmen ist, läßt an eben solchen Exzentrizitäten sich beobachten wie der Stellung zur pathischen Meinung par excellence, zum Aberglauben. Kant, subjektiver Aufklärer im Namen objektiver Wahrheit, hatte den Aberglauben in seiner gegen Swedenborg gerichteten Schrift ›Träume eines Geistersehers‹ bloßgestellt. Manche Empiristen, die zwar im Gegensatz zu Kant von konstitutiver Subjektivität nichts wissen wollen, dafür aber in ihrer Reduktion des Wahrheitsbegriffs einem seiner selbst unbewußten und darum nur um so ungehemmteren Subjektivismus huldigen, stehen gegen den Aberglauben längst nicht mehr so entschieden. Sie wären geneigt, sich auch ihm gegenüber auf die Neutralität eines begriffslos beobachtenden Wissenschaftsbetriebs zurückzuziehen. Auch okkulten Tatsachen könne man abwartend, beobachtend, vorurteilslos sich nähern. Man begibt sich des Rechts, den Schwindel von der Schwelle fortzuweisen, der darin besteht, daß, was dem eigenen Sinn nach die Grenzen der Möglichkeit sinnlicher Erfahrung überschreitet, zum Gegenstand solcher Erfahrung soll gemacht werden können. Man ist noch dem Wahn gegenüber aufgeschlossen. Es gibt auch falsche Vorurteilslosigkeit, das Abschneiden des Gedankens, das sich besinnungslos den isolierten Materialien der Erkenntnis anvertraut; was Vorurteil und was Vorurteilslosigkeit sei, läßt sich überhaupt nicht abstrakt angeben, sondern entscheidet sich allein in dem Zusammenhang der Erkenntnis wie der Realität, in dem die Frage danach sich stellt. Schon fehlt es, in einer zur Apologetik gestimmten Wissenschaft, nicht an solchen, die sogar die pathischen Vorurteile gelassen verzeichnen und ihre theoretische Durchdringung, ihre Reduktion auf soziale und psychologische Defekte, selber als Vorurteil abtun, während ihrer Meinung zufolge vorurteilslose Wissenschaft genauso gut ein Koordinatensystem zu bilden vermöchte, in dem, wie bei dem verstorbenen Marburger Psychologen Jaensch, die ›Authoritarian Personality‹ zum Positiven würde und die potentiell freien Menschen, die ihr widerstehen, zu dekadenten Schwächlingen. Dahin ist es nicht weit für eine wissenschaftliche Gesinnung, die am Begriff der Wahrheit sich desinteressiert und sich begnügt mit der Herstellung mehr oder minder in sich einstimmiger klassifikatorischer Systeme, in denen man das Beobachtete elegant einfangen kann.

Daß die pathische Meinung der sogenannten normalen immanent ist, zeigt drastisch sich daran, daß, in krassem Widerspruch zu der offiziellen Unterstellung einer vernünftigen Gesellschaft von Vernünftigen, grundlose und unsinnige Vorstellungen jeglichen Schlages keineswegs die Ausnahme, keineswegs im Abnehmen sind. Mehr als die Hälfte der Bevölkerung der Bundesrepublik ist der Ansicht, es sei an der gleichen Astrologie etwas dran, die schon in der Frühzeit der bürgerlichen Epoche, als die Methoden wissenschaftlicher Kritik noch nicht so entwickelt waren wie heute, Leibniz als die einzige Wissenschaft bezeichnete, für die er nichts hege als Verachtung. Wie viele Menschen immer noch ungezählte Male widerlegten Anschauungen der Rassentheorie anhängen, etwa der Überzeugung, irgendwelche Schädelmerkmale gingen mit Charaktereigenschaften zusammen, ist wohl nur deshalb nicht nachweisbar, weil eine solche Angst vor den Ergebnissen von Umfragen in der Bundesrepublik herrscht, die dem nachgingen, daß sie gar nicht erst angestellt werden. Die Überzeugung, Rationalität sei das Normale, ist falsch. Unterm Bann der zähen Irrationalität des Ganzen ist normal auch die Irrationalität der Menschen. Sie und die Zweckrationalität ihres praktischen Handelns klaffen weit auseinander, aber Irrationalität ist stets auf dem Sprung, auch diese Zweckrationalität, im politischen Verhalten, zu überfluten. Daher rührt eine der ernstesten all der Schwierigkeiten, denen der Begriff der öffentlichen Meinung, in ihrem Verhältnis zur privaten, begegnet. Soll öffentliche Meinung legitim jene Kontrollfunktion ausüben, welche ihr seit Locke die Theorie einer demokratischen Gesellschaft zuschreibt, dann muß sie selbst in ihrer Wahrheit kontrollierbar sein. Gegenwärtig gilt sie für kontrollierbar bloß als der statistische Durchschnittswert der Meinungen aller Einzelnen. In diesem Durchschnittswert müssen notwendig die Irrationalitäten jener Meinung, das Moment ihrer Beliebigkeit und sachlichen Unverbindlichkeit, wiederkehren; sie wäre also gerade nicht jene objektive Instanz, die sie dem eigenen Begriff nach, als Korrektiv fehlbarer politischer Einzelhandlungen, zu sein beansprucht. Wollte man jedoch statt dessen die öffentliche Meinung deren sogenannten Organen gleichsetzen, die mehr wüßten und verstanden, so würde zu ihrem Kriterium dieselbe Verfügung über die Mittel der Massenkommunikation, deren Kritik nicht die unwesentlichste Aufgabe der öffentlichen Meinung darstellt. Die öffentliche Meinung gar der einer Schicht gleichzusetzen, die sich selbst als Elite versteht, wäre darum unverantwortlich, weil in einer solchen Gruppe das wirkliche Sachverständnis, und damit die Möglichkeit eines Urteils, das mehr taugt als bloße Meinung, unauflöslich verstrickt ist in Partikularinteressen, die jene Elite wahrnimmt, als ob es die allgemeinen wären. Im Augenblick, in dem eine Elite als solche sich weiß und erklärt, macht sie sich schon zum Gegenteil dessen, was sie zu sein beansprucht, und leitet aus Umständen, die ihr vielleicht manches an rationaler Einsicht gestatten, irrationale Herrschaft ab. Elite mag man in Gottes Namen sein; niemals darf man als solche sich fühlen. Wollte man indessen, angesichts von derlei Aporien, den Begriff der öffentlichen Meinung einfach ausstreichen, auf sie ganz verzichten, so fiele damit doch wiederum ein Moment weg, das noch in einer antagonistischen Gesellschaft, solange sie nicht zur totalitären übergegangen ist, das Schlimmste verhindern kann. Die Revision des Dreyfus-Prozesses, auch der Sturz eines niedersächsischen Kultusministers durch den Widerstand der Göttinger Studenten wären ohne öffentliche Meinung nicht möglich gewesen. Zumal in westlichen Ländern bewahrt sie sich bis in die Zeiten der verwalteten Welt hinein etwas von der Funktion, die sie einmal im Kampf mit dem Absolutismus innehatte. In Deutschland freilich, wo die öffentliche Meinung als wie sehr auch problematische Stimme eines selbständigen Bürgertums nie recht sich formierte, ist ihr auch heute, da sie erstmals kräftiger sich zu regen scheint, etwas von der alten Ohnmacht gesellt.

Die charakteristische Gestalt absurder Meinung heute ist der Nationalismus.[6] Mit neuer Virulenz steckt er die gesamte Welt an, in einer Phase, in der er zugleich durch den Stand der technischen Produktivkräfte, die potentielle Bestimmung der Erde als eines Planeten, zumindest in den nicht unterentwickelten Ländern, seine reale Basis verloren hat und gänzlich zu der Ideologie geworden ist, die er freilich immer auch schon war. Im Privatleben ist Selbstlob und was ihm ähnelt anrüchig, weil Äußerungen solchen Sinnes allzuviel von der Übergewalt des Narzißmus ausplaudern. Je befangener die Individuen in sich selbst sind und je verhängnisvoller sie die Einzelinteressen verfolgen, die in jener Gesinnung sich

6 Vgl. Theodor W. Adorno, »Was bedeutet: Aufarbeitung der Vergangenheit« [, in ders., *Gesammelte Schriften*, Bd. 10, 555-572, hier 562 f.].

abbilden und deren sture Gewalt auch wiederum von ihr verstärkt wird, desto sorgfältiger muß eben dies Prinzip verschwiegen, muß unterstellt werden, es gehe, wie der nationalsozialistische Slogan lautete, Gemeinnutz vor Eigennutz. Gerade die Kraft des Tabus über dem individuellen Narzißmus jedoch, dessen Verdrängung, verleiht dem Nationalismus die perniziöse Macht. Im Leben des Kollektivs geht es anders zu als nach den Spielregeln in den Beziehungen zwischen den Individuen. Schon bei jedem Fußballmatch jubelt die jeweils einheimische Bevölkerung unter Mißachtung des Gastrechts schamlos dem eigenen Team zu; der heute nicht umsonst so gern en canaille behandelte Anatole France konstatierte in der ›Insel der Pinguine‹, daß jedes Vaterland über allen in der Welt ist. Man müßte nur die Normen des bürgerlichen Privatlebens ernst nehmen und zu gesellschaftlichen erheben. Aber eine derart gutmütige Empfehlung verkennt die Unmöglichkeit, daß es dazu komme unter Bedingungen, die den Einzelnen solche Versagungen auferlegen, ihren individuellen Narzißmus so konstant enttäuschen, sie real so sehr zur Ohnmacht verdammen, daß sie zu kollektivem Narzißmus verurteilt sind. Ersatzweise zahlt er ihnen dann gleichsam als Individuen etwas von jener Selbstachtung zurück, die ihnen dasselbe Kollektiv entzieht, von dem sie die Rückerstattung erhoffen, indem sie wahnhaft mit ihm sich identifizieren. Der Glaube an die Nation ist mehr als jedes andere pathische Vorurteil die Meinung als Verhängnis; die Hypostasis dessen, wozu man nun einmal gehört, wo man nun einmal steht, als des Guten und Überlegenen schlechthin. Er bläht die abscheuliche Notstandsweisheit, daß wir alle im gleichen Boot sitzen, zur moralischen Maxime auf. Gesundes Nationalgefühl vom pathischen Nationalismus zu scheiden, ist so ideologisch wie der Glaube an die normale Meinung gegenüber der pathogenen; unaufhaltsam ist die Dynamik des angeblich gesunden Nationalgefühls zum überwertigen, weil die Unwahrheit in der Identifikation der Person mit dem irrationalen Zusammenhang von Natur und Gesellschaft wurzelt, in dem die Person zufällig sich findet.

Angesichts alles dessen bleibt es bei dem Diktum Hegels, der bereits den Widerspruch im Inneren des Begriffs der öffentlichen Meinung selbst gewahrte, ehe er sich real voll entfalten konnte: die öffentliche Meinung sei zugleich zu achten und zu verachten. Das Paradoxon rührt nicht von schwankender Unentschiedenheit derer her, die über Meinung nachzudenken haben, sondern ist unmittelbar eins mit dem Widerspruch der Realität, der die Meinung gilt und von der die Meinung produziert wird. Keine Freiheit ohne die Meinung, die von der Realität abweicht; aber solche Abweichung gefährdet die Freiheit. Die Idee der freien Meinungsäußerung, die von der Idee einer freien Gesellschaft gar nicht getrennt werden kann, wird notwendig zu dem Recht, die eigene Meinung vorzubringen, zu verfechten und womöglich durchzusetzen, auch wenn sie falsch, irr, verhängnisvoll ist. Wollte man aber darum das Recht der freien Meinungsäußerung beschneiden, so steuerte man unmittelbar auf jene Tyrannei los, die freilich mittelbar in der Konsequenz von Meinung selbst liegt. Der Antagonismus im Begriff der freien Meinungsäußerung läuft darauf hinaus, daß dieser die Gesellschaft als die von Freien, Gleichen und Mündigen setzt, während ihre eigene reale Einrichtung all das hintanhält und einen Zustand permanenter Regression der Subjekte produziert und reproduziert. Das Recht auf freie Meinungsäußerung unterstellt eine Identität des Einzelwesens und seines Bewußtseins mit dem rationalen Gesamtinteresse, welche in eben der Welt verhindert wird, in der man sie der Form nach als gegeben ansieht.

Heute ist es vollends problematisch, der bloßen Meinung im Namen von Wahrheit zu opponieren, weil zwischen jener und der Realität eine fatale Wahlverwandtschaft sich herstellt, die dann wiederum der Verstocktheit der Meinung zugute kommt. Sicherlich ist die Meinung der Närrin, die ihr Bett im Schlafzimmer anders aufstellen läßt, um sich vor der Gefahr bösartiger Strahlungen zu schützen, pathogen. Aber die Gefahr von Strahlen in der atomverseuchten Welt ist so angewachsen, daß ihre Sorge nachträglich von derselben Vernunft honoriert wird, der ihr psychotischer Charakter sich entzieht. Die objektive Welt nähert sich dem Bild, das der Verfolgungswahn von ihr entwirft. Davor bleibt der Begriff des Verfolgungswahns, und die pathische Meinung insgesamt, nicht geschützt. Wer heute noch das Pathogene der Realität mit den traditionellen Kategorien des Menschenverstandes zu begreifen hofft, verfällt der gleichen Irrationalität, vor der er sich durch seine Treue zum gesunden Menschenverstand zu sichern einbildet.

Man mag die allgemeine Bestimmung riskieren, die pathische Meinung sei die verhärtete, das verdinglichte Bewußtsein, die lädierte Fähigkeit zur Erfahrung. Die seit der Platonischen Kritik an der Sophistik nachgeredete Identifikation der doxa mit bloß subjektiver Vernunft nennt denn auch nur ein Moment. Meinung, und gewiß die pathische, ist immer zugleich auch Mangel an Subjektivität und gesellt sich deren Schwäche. Den Platonischen Karikaturen der fuchtelnden Widersacher des Sokrates ist das deutlich eingezeichnet. Wo das Subjekt die Kraft zur vernünftigen Synthesis nicht mehr hat oder sie, verzweifelnd vor Übermacht, verleugnet, dort nistet Meinung sich ein. Meist ist es mit dem Subjektivismus dabei gar nicht weit her; vielmehr redet auf ihn automatisch fast Bewußtsein sich heraus, das gerade nicht jenes Selbstbewußtsein ist, dessen die Erkenntnis bedarf, um objektiv zu geraten. Was das Subjekt im Namen von Meinung sich als private Prärogative zuschreibt, ist durchweg nur der Abdruck der objektiven Verhältnisse, in die es eingelassen ist. Seine vermeintliche Meinung wiederholt die geronnene aller. Dem Subjekt, das keine genuine Beziehung zur Sache hat; das abprallt von ihrer Fremdheit und Kälte, wird alles, was es darüber sagt, für es selbst und auch an sich, zu bloßer Meinung, einem Reproduzierten und Registrierten, das ebenso auch anders sein könnte. Die subjektivistische Reduktion auf die Zufälligkeit individuellen Bewußtseins fügt sich genau in den unterwürfigen Respekt vor einer Objektivität, die solches Bewußtsein unangefochten stehen läßt und der es die Reverenz zeigt noch in der Versicherung, was immer es denke, sei angesichts ihrer Gewalt unverbindlich; nach deren Maß sei Vernunft überhaupt nichts. In der Zufälligkeit des Meinens spiegelt sich der Riß zwischen Objekt und Vernunft. Das Subjekt ehrt die Mächte, indem es zur eigenen Zufälligkeit sich erniedrigt. Darum ist der Stand pathischer Meinung durch das bloße Bewußtsein kaum zu ändern. Die Verdinglichung des Bewußtseins, das zur Dingwelt überläuft, vor ihr kapituliert, ihr sich gleichmacht; die verzweifelte Anpassung dessen, der die Kälte und Übergewalt der Welt anders nicht zu bestehen vermag, als indem er sie womöglich überbietet, gründet in der verdinglichten, der Unmittelbarkeit menschlicher Beziehungen entäußerten, vom abstrakten Prinzip des Tausches beherrschten Welt. Gibt es wirklich kein richtiges Leben im falschen, so kann es eigentlich auch kein richtiges Bewußtsein darin geben. Nur real, nicht durch ihre intellektuelle Berichtigung allein wäre über die falsche Meinung hinauszukommen. Ein Bewußtsein, das heute und hier jener Verhärtung der Meinung ganz entsagte, die das pathische Prinzip ist, wäre ebenso problematisch wie jene Verhärtung selbst. Es verfiele dem flüchtigen strukturlosen Wechsel von Anschauung zu Anschauung, jenem molluskenhaften Unwesen, das an manchen sogenannten feinsinnigen Menschen sich beobachten läßt, und das zur Synthesis der Einsicht gar nicht erst gelangt, die dann im verdinglichten Bewußtsein einfriert. Ein solches, gewissermaßen paradiesisches Bewußtsein wäre a priori der Realität unangemessen, die es zu erkennen hat und die das Verhärtete selbst ist. Jegliche Anweisung zum richtigen Bewußtsein wäre vergeblich. Eigentlich besteht es nur in der Anstrengung, unermüdlich auf seine Aporien und auf sich selber zu reflektieren.

Die *angelsächsische* Gestalt des Problems von Meinung ist die Aufweichung von Wahrheit durch Skepsis. Die objektive Erkenntnis der Realität, und damit die Frage ihrer Gestaltung, wird auf die erkennenden Subjekte reduziert, so wie deren in keinem objektiven Oberbegriff versöhnte Interessen nach der Doktrin des Liberalismus das Ganze blindlings reproduzieren sollen, das sie doch zugleich immerfort zu zerreißen drohen. Der latente, sich selbst verborgene Subjektivismus der objektiv-szientifischen Gesinnung des angelsächsischen Kulturkreises geht zusammen mit Mißtrauen gegen ungezügelte Subjektivität, mit der steten, bereits automatisierten Neigung, Erkenntnisse durch den Hinweis auf ihre Bedingtheit im Erkennenden zu relativieren. Mit starken Affekten wird das Bewußtsein vom eigenen Subjektivismus, das Gedächtnis daran abgewehrt, daß die Position, die man selbst einnimmt, keine andere Rechtsquelle hat als das in letzter Instanz bloßen Individuen unmittelbar Gegebene und damit schließlich die Meinung. – Die *deutsche* Versuchung, wenn nicht die all der Völker, die östlich des mittelländischen Kulturkreises leben und niemals ganz latinisiert wurden, ist demgegenüber die unansprechbare Verhärtung der Idee objektiver Wahrheit, welche diese nicht minder zu einem nur Subjektiven macht, als die Meinung es ist. Der Kapitulation vor undurchdrungenen Fakten und der Anpassung des Gedankens an die je bestehende Realität im Westen entspricht in Deutschland der Mangel an Selbstbesinnung, die Unerbittlichkeit des Größenwahns. Beide Gestalten des Bewußtseins, die, welche vor den Tatsachen sich beugt, und die, welche sich als Souverän oder Schöpfer der Tatsachen verkennt, sind wie die auseinandergesprungenen Hälften der Wahrheit, die in der Welt nicht sich realisierte und deren Scheitern auch den Gedanken schlägt. Aus ihren Stücken läßt die Wahrheit nicht sich zusammenflicken. Im Effekt verstehen sie sich gar nicht schlecht: wer die Welt, in der man sein Plätzchen sucht, so läßt, wie sie ist, bestätigt sie als das wahre Sein, als eben das Gesetz, das sie ist und von dem der herrschaftliche Geist sich einbildet, er sei es selber. Die traditionelle deutsche Metaphysik, und der Geist, der sie hervorbrachte und in dem sie nachlebt, verbeißt sich in die Wahrheit und fälscht sie tendenziell in ein beliebig Gemeintes, eine ewige pars pro toto. Der Positivismus sabotiert Wahrheit durch den Verweis auf angeblich bloße Meinung und nimmt dadurch deren Partei, daß ihm nichts übrigbleibt als sie. Gegen beides hilft nichts als die unbeirrte Anstrengung von Kritik. Wahrheit hat keinen Ort als den Willen, der Lüge von Meinung zu widerstehen.

Der Gedanke, wahrscheinlich nicht erst der von heute, erprobt sich in der Liquidation der Meinung: buchstäblich der herrschenden. Diese ist nicht bloße Unzulänglichkeit der Erkennenden, sondern ihnen aufgedrungen von der gesellschaftlichen Gesamtverfassung und damit von den Herrschaftsverhältnissen. Ihre Verbreitung gewährt einen ersten Index des Falschen: wie weit die Gedankenkontrolle durch Herrschaft reicht. Deren Signatur ist die Banalität. Daß das Banale, als Selbstverständliches, unproblematisch sei; daß darüber dann schichtenweise das Differenziertere sich erhebe, ist selbst ein Stück jener Meinung, die zu liquidieren wäre. Das Banale kann nicht wahr sein. Was, in einem falschen Zustand, von allen akzeptiert wird, hat, indem es diesen Zustand als den ihren bestätigt, vor jedem besonderen Inhalt schon sein ideologisches Unwesen. Kruste verdinglichter Meinungen, beschirmt es das Bestehende und sein Gesetz. Dagegen sich zu wehren, ist allein noch nicht die Wahrheit und mag leicht genug in der abstrakten Negation verkommen. Aber es ist das Agens jenes Prozesses, ohne den Wahrheit nicht ist. Die Kraft des Gedankens jedoch mißt sich daran, daß er im Bestreben, Meinung zu liquidieren, nicht allzu leicht dadurch sich befriedigt, daß er bloß nach außen sich zuspitzt. Er soll der Meinung auch in sich selbst widerstehen. Nämlich der jeweiligen Position oder Richtung, der im Stand totaler Vergesellschaftung zugehört noch, wer leidenschaftlich sich dagegen sträubt. Sie bildet in ihm selber das Moment von Meinung, das er reflektieren, dessen Beschränktheit er sprengen muß. Schlecht am Gedanken ist all das, was ungebrochen solche Position wiederholt; was so redet wie jene, die vorweg mit dem Autor gleicher Meinung sind. In diesem Habitus wird der Gedanke stillgestellt, zum bloßen Vortrag eines Akzeptierten erniedrigt und unwahr. Denn er drückt, was er nicht durchdrungen hat, aus, als wäre es sein Resultat. Kein Gedanke, dem nicht Reste solcher Meinung innewohnen. Sie sind ihm notwendig und äußerlich zugleich. Element des Denkens ist, sich treu zu bleiben, indem es an diesen Momenten sich negiert. Das ist die kritische Gestalt des Gedankens. Sie erst, nicht sein befriedigtes Einverständnis mit sich selbst mag zur Veränderung helfen.

Nachwort der Herausgeberin

I.

Wenige sozialwissenschaftliche Studien erfahren über einen Zeitraum von sieben Jahrzehnten eine so intensive, bis in die Gegenwart reichende Rezeption wie *The Authoritarian Personality*. Seit den 1960er Jahren ist sie in viele Sprachen übersetzt worden – vollständig ins Portugiesische, Japanische, Italienische, Russische, Chinesische, in Teileditionen erst unlängst ins Französische und Polnische.[1] 2019 ist in den USA eine vollständige Neuausgabe erschienen und seit einigen Jahren steigen die Absatzzahlen des deutschsprachigen Auswahlbandes wieder an.[2] Das ist um so bemerkenswerter, als empirische, »aufs Momentane gerichtete« Arbeiten in der Regel kurzen Aufmerksamkeitszyklen unterworfen sind.[3] Neuerdings aktualisieren Interpretationen die Studie im Kontext einer Krise des Politischen, die mit dem Aufstieg einer neuen Rechten, des Populismus und des Islamismus sowie der drohenden Fragmentierung von Bürger- und Menschenrechten, kurz: mit einer Abwendung von den Institutionen, Praktiken und Werten der Demokratie in Europa und den USA verbunden ist.[4] In diesem Zusammenhang stehen Versuche, die Aktualität des Begriffs vom »autoritären Charakter« herauszuarbeiten, etwa mit der Frage, wie es zu Wahlerfolgen von

1 *La personalidad autoritaria*, Buenos Aires 1965; *Ken'i shugiteki pāsonariti*, Tokio 1980; *La personalità autoritaria*, Mailand ³1997; *Issledovanie avtoritarnoi lichnosti*, Moskau 2001; *Quan li zhu yi ren ge*, Hangzhou Shi 2002; *Osobowość autorytarna*, Warschau 2010; *Études sur la personnalité autoritaire*, Paris ²2017.

2 *The Authoritarian Personality*, hg. von Peter E. Gordon, London, New York 2019.

3 Theodor W. Adorno, *Einleitung in die Soziologie* [1968], hg. von Christoph Gödde, Frankfurt/M. 2003, 250.

4 Vgl. etwa Wendy Brown, Peter E. Gordon, Max Pensky, *Authoritarianism. Three Inquiries in Critical Theory*, Chicago, London 2018; Oliver Decker, Elmar Brähler (Hg.), *Flucht ins Autoritäre: Rechtsextreme Dynamiken in der Mitte der Gesellschaft. Die Leipziger Autoritarismus-Studie 2018*, Gießen 2018; Robert Hullot-Kentor, »Metric of Rebarbarization: Real Time in *The Authoritarian Personality*«, in: Robyn Marasco (Hg.), *The Authoritarian Personality*, Sonderheft *The South Atlantic Quarterly*, 117:4 (2018), 721-756; Martin Dolezal, Peter Grand, Berthold Molden, David Schriffl, *Sehnsucht nach dem starken Mann? Autoritäre Tendenzen in Österreich seit 1945*, Wien, Köln, Weimar 2019; Hauke Brunkhorst, »Der Wahrheitsgehalt der Kulturindustrie – Zur Aktualität der Diagnose Horkheimers und Adornos«, in: Gunzelin Schmid Noerr, Eva-Maria Ziege (Hg.), *Zur Kritik der regressiven Vernunft. Beiträge zur »Dialektik der Aufklärung«*, Wiesbaden 2019, 225-242.

Parteien kommt, die die repräsentative Demokratie ablehnen.[5] *The Authoritarian Personality* ist grundsätzlicher angelegt mit der Frage: Welche seelischen Dispositionen der modernen Menschen machen sie gerade in Übergangslagen und Krisenzeiten anfällig für antidemokratische Kräfte und Bewegungen und lassen sie – aus Beobachterperspektive – gegen ihre objektiven Interessen handeln?

Adornos »Bemerkungen zu ›The Authoritarian Personality‹« von 1947, der hier für die Erstpublikation ins Deutsche übersetzte Entwurf für ein Schlußkapitel zu dem legendären Buch, verdeutlicht, wie sich die Antwort darauf zur Kritischen Theorie verhält, obwohl gerade *The Authoritarian Personality* oft als Abschied von jener bewertet wurde.[6] Psychologisch angelegt, scheint die Studie die Klassengesellschaft, die politischen und ökonomischen Bedingungen, ja die Marxsche Theorie zu vernachlässigen. Die ihr zugrundeliegende, auf Friedrich Pollocks Theorie des sogenannten Staatskapitalismus beruhende Annahme, daß sich zunehmend ein planwirtschaftlicher Interventionismus durchsetzen werde, in dem sich die antagonistische Klassengesellschaft trotz zyklischer Krisen endlos neu reproduzieren kann, weil die Sprengkraft der Klassenkonflikte entschärft ist – wenn sie denn als Prämisse für die These des »autoritären Charakters« überhaupt wahrgenommen wurde –, wirkt wie eine Abkehr von Marx.[7] Der Begriff der Entfremdung kommt zwar vor, wird aber in einem psychologischen Sinn verwendet, und der »autoritäre Charakter«, in der Studie verstanden als »potentieller Faschist«, scheint die Demokratie zu unterlaufen oder gar zu gefährden, doch wo bleibt die Kritik der Klassenherrschaft *in* der Demokratie? In der Tat überrascht, wie sehr Adorno sich nur zehn Jahre nach Horkheimers programmatischem Aufsatz »Traditionelle und kritische Theorie« von 1937 in der Normalwissenschaft verorten und an sie anschließen konnte. Die Arbeit des Instituts für Sozialforschung (IfS) hatte sich in den Jahren des US-Exils und der

5 Vgl. mit dieser Fragestellung Dirk Jörke, Oliver Nachtwey (Hg.), *Das Volk gegen die (liberale) Demokratie*, Sonderband 32 von *Leviathan. Berliner Zeitschrift für Sozialwissenschaft* (2017).

6 Es gibt mehrere Resümees der Studie; vgl. etwa Theodor W. Adorno, Max Horkheimer, »Vorurteil und Charakter« [1952], in: Adorno, *Gesammelte Schriften*, Bd. 9.2: *Soziologische Schriften II*, Frankfurt/M. 1975, 360-373.

7 Vgl. Adorno, »Bemerkungen«, in diesem Band, 26; Max Horkheimer, »Preface«, in: Theodor W. Adorno, Else Frenkel-Brunswik, Daniel J. Levinson, R. Nevitt Sanford, *The Authoritarian Personality*, New York 1950, ix; in diesem Band, 7.

Zusammenarbeit mit dem Forschungsteam um R. Nevitt Sanford verändert, Amerika »die fortgeschrittenste Beobachtungsposition« ermöglicht.[8]

Gerade aus dieser Position heraus akzentuiert Adorno in den »Bemerkungen« den Standpunkt der Kritischen Theorie, ihren marxistischen und freudianischen Kern neu, und das in Abgrenzung zu den avanciertesten und einflußreichsten sozialwissenschaftlichen Strömungen seiner Zeit: Konzepte wie Anomie oder die Unterscheidung von Ingroup/Outgroup seien nicht falsch, aber enthistorisiert und verwischten, scheinbar gesellschaftlich neutral, was historisch spezifisch aus der Klassentheorie abzuleiten war.[9] Undenkbar wird mit solcher Hypostasierung die Frage, die Adorno stellte – ob das, was ist, nicht anders sein könnte.[10]

Die »Bemerkungen« ermöglichen einen neuen Blick auf *The Authoritarian Personality*, aber auch auf Aspekte der *Dialektik der Aufklärung*. Noch Ende der 1960er Jahre hob Adorno dezidiert hervor, daß das berühmte Gemeinschaftswerk mit Horkheimer die Basis seines Beitrags zu den Arbeiten über den autoritären Charakter darstellte.[11] Besonders das Kapitel »Elemente des Antisemitismus«, aber auch der Abschnitt über »Kulturindustrie« waren Adornos Ausgangspunkt zur Konstruktion des Syndroms des »autoritären Charakters«, das sich im Antisemitismus wie in einem Brennpunkt manifestieren konnte. Antisemitismus, so die Prämisse in beiden Texten, war in einer spezifischen psychischen Struktur verankert, die den Individuen selbst verborgen bleibe und, da vor- oder unbewußt, mit den Mitteln der Psychoanalyse zu entschlüsseln sei.

Adorno wollte *The Authoritarian Personality* ursprünglich *The Potential Fascist* nennen.[12] Im Rückblick stellt sich der endgültige

8 Adorno, »Wissenschaftliche Erfahrungen in Amerika«, in diesem Band, 105.

9 Vgl. Adorno, »Bemerkungen«, 49 f., 52.

10 Vgl. ebd., 51.

11 Vgl. Adorno, »Wissenschaftliche Erfahrungen in Amerika«, 91; vgl. Adornos Briefe an Horkheimer, 2.10.1941 u. 10.11.1941, in: dies., *Briefwechsel 1938-1944*, hg. von Christoph Gödde u. Henri Lonitz, Frankfurt/M. 2004, 255, 286.

12 Vgl. Adorno an Horkheimer, 26.5.1948, in: Theodor W. Adorno, Max Horkheimer, *Briefwechsel 1945-1949*, hg. von Christoph Gödde u. Henri Lonitz, Frankfurt/M. 2005, 225. Der Titelvorschlag ging auf ein Kapitel der Studie *Antisemitism among American Labor* zurück; vgl. den Abdruck im Anhang von: Eva-Maria Ziege, *Antisemitismus und Gesellschaftstheorie. Die Frankfurter Schule im amerikanischen Exil*, Frankfurt/M. 2009, 342-345. Das AJC suchte nach einem

Titel, obwohl er auf einen Kompromiß mit den Mitautoren Sanford, Levinson und Frenkel-Brunswik zurückgeht, als Glücksgriff heraus, denn er machte die erst 1950 erschienene Studie losgelöst vom unmittelbaren historischen Hintergrund – den faschistischen Diktaturen und Bewegungen bis 1945 – rezipierbar und verweist auf eine zukunftsgerichtete Fragestellung zum postfaschistischen Zeitalter, zum Menschen als dem »verwalteten Subjekt« in der Moderne.[13]

Darin kreuzte sich *The Authoritarian Personality* an entscheidenden Punkten überraschend mit damaligen Zeitdiagnosen theoretisch und politisch anders gelagerter, ja dezidiert gegensätzlicher Entwürfe von Liberalen, Republikanern und Konservativen wie Friedrich August von Hayek, Hannah Arendt oder Arnold Gehlen, die gewiß nicht links waren. Das Rezeptionsklima war günstig und die Frage nach der Gegenwartsgestalt des Individuums zeitgemäß. Die Akzeptanz der Freudschen Psychoanalyse in ihren unterschiedlichen Spielarten befand sich in den USA auf ihrem Höhepunkt; andere sozialpsychologische Pionierstudien wie *Escape from Freedom*, schon 1941 erschienen, oder *The Lonely Crowd* aus dem Jahr 1950 wurden aufmerksam kommentiert.[14] Die frühen *Studien über Autorität und Familie* des IfS von 1936, in denen maßgeblich Erich Fromm mit dem Begriff des sadomasochistischen Gesellschaftscharakters die Grundlagen für die späteren Untersuchungen geschaffen hatte, boten eine belastbare Arbeitsgrundlage sowie fundierte Kontakte in der psychoanalytischen *community*.[15] Außerdem hatte

»audience-appeal title« und schlug alternativ »Inside Your Prejudices«, »Why He Hates« oder »Weak and Dangerous« vor. Vgl. YIVO Institute for Jewish Research, New York: AJC Folder: Bigotry and Prejudice. Studies in Prejudice. »Authoritarian Personality«. Berkeley Study.

13 Vgl. Theodor W. Adorno, »Bemerkungen zu These VII« [September 1946], Archivzentrum der Universitätsbibliothek J. B. Senckenberg an der Goethe-Universität Frankfurt am Main: UBA Ffm Na 1, 803, 1 f.

14 Erich Fromm, *Escape from Freedom*, New York, Toronto 1941 (dt.: *Die Furcht vor der Freiheit*, in: ders., *Gesamtausgabe*, Bd. 1, München 1989, 217-394); David Riesman, Nathan Glazer u. a., *The Lonely Crowd. A Study of the Changing American Character* [1950], gekürzte u. überarbeitete Neuausgabe, New Haven, London 2001.

15 Vgl. Erich Fromm, »Sozialpsychologischer Teil«, in: Max Horkheimer u. a., *Studien über Autorität und Familie. Forschungsberichte aus dem Institut für Sozialforschung*, Paris 1936, Lüneburg [2]1987, 77-135, hier: 120 f. Im Index der Zitationen

sich eine interdisziplinäre Antisemitismusforschung ausdifferenziert. Und nicht zuletzt hatte sich eine ambitionierte Meinungsforschung etabliert, die sich raffinierter Erhebungsmethoden bediente; neben den »Pollsters«, die ihre Resultate im *Fortune Magazine* oder in den Gallup-Polls öffentlichkeitswirksam zu präsentieren verstanden, gab es neue, anspruchsvolle Modelle, besonders den berühmten *two step flow of communication* durch »Meinungsführer«.[16] Diese Kontexte waren für die Entstehungsbedingungen und den späteren Erfolg von *The Authoritarian Personality* gleichermaßen entscheidend. Die marxistischen Annahmen des Kernparadigmas der Kritischen Theorie dagegen, erst recht die Historisierung der Marxschen Krisentheorie angesichts der veränderten ökonomischen Bedingungen Mitte des 20. Jahrhunderts, sind in der Studie bis zur Unsichtbarkeit verborgen; erst die Lektüre der »Bemerkungen« machen sie sichtbar.

II.

In der Forschungsliteratur sind die »Bemerkungen zu ›The Authoritarian Personality‹« seit Rolf Wiggershaus' großem Standardwerk *Die Frankfurter Schule* immer wieder zitiert und interpretiert worden.[17] Erst unlängst hat Peter E. Gordon, der Herausgeber der neuesten amerikanischen Ausgabe von *The Authoritarian Personality*, spekuliert, daß der Entwurf nicht in die Druckfassung aufgenommen worden sei, weil er den Mitautoren zu »schwarz« war,[18] ja, daß Adorno selbst das Buch noch vor Erscheinen für veraltet gehalten habe, weil die These von der Liquidierung des Individu-

von *The Authoritarian Personality* ist Fromm nach Freud der meistgenannte Autor.

16 Vgl. oben, 31, Fn. 16; vgl. zum »two-step-flow«: Paul F. Lazarsfeld u.a., *The People's Choice. How the Voter Makes Up his Mind in a Presidential Campaign*, New York 1944.

17 Vgl. Rolf Wiggershaus, *Die Frankfurter Schule. Geschichte – Theoretische Entwicklung – Politische Bedeutung*, Frankfurt/M. 1988, 471.

18 Vgl. Peter E. Gordon, »The Authoritarian Personality Revisited. Reading Adorno in the Age of Trump«, in: ders., Brown, Pensky, *Authoritarianism*, 45-84, hier 64. Brunkhorst zufolge hätten die Mitautoren die Veröffentlichung der »Bemerkungen« sogar »abgelehnt«, doch liefert er dafür keinen Beleg. Vgl. Brunkhorst, »Der Wahrheitsgehalt der Kulturindustrie«, 226.

ums, von der Regression in die Unmündigkeit die ganze Freudsche Psychologie gleichsam auszuhebeln schien – beruhte diese doch auf der Annahme, in der klassischen Dynamik der innerpsychischen Instanzen könne sich im gelingenden Individuationsprozeß ein mündiges Ich ausbilden.

Gordons Interpretation scheint überzogen. Das Forschungsteam um Adorno war heterogen, die Studie theoretisch offen für konträre Lesarten der Psychoanalyse, in denen sich Adorno, aber auch Frenkel-Brunswik und Sanford deutlich unterschieden. Dabei ging es um die Schlüsselfrage, wie weit dieses Denken in gleichsam anthropologischen Konstanten zugunsten einer soziologischen Psychologie aufgegeben und Umweltfaktoren im Individuationsprozeß ein größerer Stellenwert eingeräumt werden konnte.[19] Sanford lehnte solche Revisionen wie Adorno als »soziologisierende« Aufweichung ab, Frenkel-Brunswik räumte Sozialisationsfaktoren hingegen eine weit höhere Bedeutung ein, Erkenntnisse, die sie aus empirischen Studien zu Kindern ableitete und die theoretisch auch an Fromm anknüpften. Gerade diese Arbeiten hat Adorno wiederholt zustimmend zitiert.[20] In *The Authoritarian Personality* wird die Spannung zwischen diesen verschiedenen Möglichkeiten nicht aufgelöst.[21] Und obwohl Adorno sich in den Briefwechseln mit Horkheimer genauestens über die diversen Meinungsverschiedenheiten und strittige Details des Redaktionsprozesses ausließ, ist keine Stelle zu finden, in der er sich über das neue Schlußkapitel unzufrieden zeigte.[22]

Waren die »Bemerkungen« überhaupt »schwärzer« als frühere

19 Vgl. Theodor W. Adorno, »Die revidierte Psychoanalyse« [1952], in: *Gesammelte Schriften*, Bd. 8: *Soziologische Schriften 1*, Frankfurt/M. 1972, 20-41, hier 26.

20 Vgl. Adorno, »Bemerkungen«, 34; Adorno, »Wissenschaftliche Erfahrungen in Amerika«, 100; Theodor W. Adorno, *Philosophische Elemente einer Theorie der Gesellschaft* [1964], hg. von Tobias ten Brink u. Marc Phillip Nogueira, Frankfurt/M. 2008, 193. Die »Child Study« Frenkel-Brunswiks sollte ursprünglich *The Authoritarian Personality* als »Adult Study« ergänzen.

21 Vgl. zur Debatte Bernard Görlich, Alfred Lorenzer, Alfred Schmidt, *Der Stachel Freud. Beiträge und Dokumente zur Kulturismus-Kritik. Mit Texten v. Otto Fenichel, Th. W. Adorno, Max Horkheimer und Herbert Marcuse*, Frankfurt/M. 1980, 7; vgl. Nevitt Sanford, »The Dynamics of Identification«, in: *Sociologica. Aufsätze Max Horkheimer zum sechzigsten Geburtstag gewidmet*, Frankfurt/M. 1955, 263-278, hier 273.

22 Vgl. oben, »Einleitung der Herausgeberin«, 11.

Arbeiten Adornos? Bereits seine Musikaufsätze der 1930er Jahre enthielten die Thesen vom Mechanismus der Identifikation mit der eigenen Unterdrückung,[23] vom »›sadomasochistischen Charakter‹« und der Liquidierung des Individuums[24] und vom Antisemitismus als Schlüsselelement eines spezifischen Sozialcharakters.[25] Grundsätzlich kann man argumentieren, daß es keine markant unterschiedlichen Phasen im Denken Adornos gab, keine »Kehren« oder Neuanfänge. Wiggershaus zufolge hat er vielmehr das in den frühen Arbeiten angelegte nach und nach in erstaunlicher thematischer Breite entfaltet.[26] Später knüpfte Adorno oft selbstkritisch an *The Authoritarian Personality* an – ohne die Grundgedanken zu revidieren, allerdings etwa mit der (1968 formulierten) Einschränkung, es stecke »wirklich etwas Dogmatisches und etwas Unüberprüftes« in der Idee des Sozialcharakters aus den frühen Arbeiten, womit er sich Frenkel-Brunswiks und Fromms Position annäherte.[27]

Auch die *Dialektik der Aufklärung* wurde häufig als zu »schwarz«, als hoffnungslose Dystopie von der Selbstzerstörung der Aufklärung gelesen, als Dokument einer »hemmungslosen Vernunftskepsis«.[28] Schon 1947 hatten sich Angehörige des IfS deshalb von dem Buch enttäuscht gezeigt, das ihnen eine Absage an den Fortschrittsgedanken bei Marx zu bedeuten schien. Die »Bemerkungen« enthalten zwar dystopische, aber ebenso verhalten utopische Elemente: Nicht kontingent, aber auch nicht zwingend verlangte nach Adorno der allgemeine »Trend zur stetig wachsenden ›Integration‹ des Indivi-

23 Vgl. Theodor W. Adorno (Hektor Rottweiler), »Über Jazz« [1936], in: *Gesammelte Schriften*, Bd. 17: *Musikalische Schriften IV. Moments musicaux, Impromptus*, Frankfurt/M. ³2015, 74-100, hier 99.

24 Theodor W. Adorno, »Über den Fetischcharakter in der Musik und die Regression des Hörens« [1938], in: *Gesammelte Schriften*, Bd. 14: *Dissonanzen. Einleitung in die Musiksoziologie*, Frankfurt/M. ³2017, 14-50, hier 24, 26.

25 Vgl. Theodor W. Adorno, »Versuch über Wagner« [1939/40, 1952], in: *Gesammelte Schriften*, Bd. 13: *Die musikalischen Monographien*, Frankfurt/M. 1971, 7-148, hier 21-24; vgl. Adorno, »Wissenschaftliche Erfahrungen in Amerika«, 76.

26 Vgl. Rolf Wiggershaus, *Theodor W. Adorno*, München ²1998, 9; vgl. Adorno, *Einleitung in die Soziologie*, 255 f.

27 Adorno, *Einleitung in die Soziologie*, 255; vgl. etwa ders., »Wissenschaftliche Erfahrungen in Amerika«, 99.

28 Jürgen Habermas, *Der philosophische Diskurs der Moderne. Zwölf Vorlesungen*, Frankfurt/M. 1985, 156.

duums in die gesellschaftliche Totalität immer mehr Opfer«, da das »Netz der Vergesellschaftung immer enger und enger sich spinnt«; dieser Prozeß liege in der Integrationstendenz »jeder auf Zwang beruhenden Gesellschaft begründet«.[29] Im Sinne des berühmten Satzes von Marx, die Menschen machen ihre eigene Geschichte, aber sie machen sie nicht aus freien Stücken, war der Zwang ja kein unentrinnbarer: »Wären die Subjekte anders oder wären sie [...] mündig, dann könnte diese Gesellschaft trotz aller ihr zur Verfügung stehenden Zwangsmittel wahrscheinlich sich überhaupt nicht erhalten«.[30]

Die kritische Gestalt des Gedankens, so heißt es in »Meinung Wahn Gesellschaft«,[31] kann zur Veränderung verhelfen, und auch in den »Bemerkungen« deutet Adorno ein Potential des Widerstands der unterdrückten Massen gegen den Mechanismus der totalen Anpassung an: Selbst die Nazis seien gezwungen gewesen, Kompromisse mit den Massen einzugehen, die durch die technische Zivilisation in ein Stadium der Aufklärung eingetreten waren, in dem sie nicht mehr wie bloße Objekte beherrscht werden konnten, in dem nicht mehr, wie in der alten Tyrannis, der reine Terror genügte. Der Faschismus war ein postdemokratisches Phänomen. Vor diesem Hintergrund ist es aufschlußreich, Adornos ungedrucktes Schlußkapitel – die »Bemerkungen« – mit dem gedruckten Schlußkapitel von *The Authoritarian Personality* zu vergleichen. Im allerletzten Absatz, von dem sich nicht ermitteln läßt, wer ihn geschrieben hat, steht zu lesen, daß, gerade weil das potentiell faschistische Muster den Massen in so hohem Maße aufgezwungen werden mußte, auch Anlaß zur Hoffnung darauf bestehe, daß die Menschen vernünftiger werden können.[32]

Soziologie, hieß es später in den didaktisch angelegten *Soziologischen Exkursen* des IfS, müßte als Wissenschaft verkümmern, wollte sie nicht auch zur Lösung aktueller praktischer Fragen beitragen.[33] Ein Ziel der *Studies in Prejudice* insgesamt bestand darin,

29 Adorno, »Bemerkungen«, 27, 43.

30 Adorno, *Einleitung in die Soziologie*, 253.

31 Vgl. Adorno, »Meinung Wahn Gesellschaft«, in diesem Band, 130.

32 Die entsprechende Passage ist im deutschen Auswahlband nicht enthalten; vgl. Adorno u. a., *The Authoritarian Personality*, 976; vgl. Adorno, »Bemerkungen«, 68-70.

33 Institut für Sozialforschung (Hg.), *Soziologische Exkurse*, Frankfurt/M. 1956, 116.

einen Beitrag zur Bekämpfung des Antisemitismus zu leisten; in diesem Punkt waren sich die Forscherinnen und Forscher mit dem American Jewish Committee (AJC) einig, das die Studien finanzierte. Allen Beteiligten ging es auch um die praktische Implementierung von Erkenntnissen, um Multiplikatorenprogramme, das heißt um »verwertbare Informationen« zur *reeducation*.[34]

Adorno unterstützte derartige politische Initiativen und langfristig angelegte Bildungsprogramme. Politische Erziehung kann nicht sinnlos sein, wenn dem Denken die Fähigkeit zur Überwindung der bloßen Meinung eignet. Diesen Gedanken variierte er nach seiner Rückkehr in die junge Bundesrepublik Deutschland in berühmten Texten wie »Erziehung nach Auschwitz«;[35] er findet sich aber auch in den dialektischen, vom zeitgeschichtlichen Zusammenhang stärker abgelösten Überlegungen in »Meinung Wahn Gesellschaft«.[36] Hier verallgemeinert Adorno Gedanken, die in den »Bemerkungen« bereits angelegt sind: Die öffentliche Meinung könne in der antagonistischen Gesellschaft, die demokratisch und nicht totalitär ist, zwar »das Schlimmste«[37] verhindern, aber das Recht auf freie Meinungsäußerung beinhalte eben auch das Recht, eine Meinung »zu verfechten und womöglich durchzusetzen, auch wenn sie falsch, irr, verhängnisvoll ist«.[38] Das führe zu einer relativistischen Kette von Meinung und Gegenmeinung. Eine weitere Schwierigkeit liege darin, daß das Falsche zur herrschenden Meinung werden und das Richtige als irr erscheinen könne. Die Unterscheidung von falsch und richtig könne nicht auf der relativistischen Ebene, also von Meinung und Gegenmeinung, sondern einerseits nur aufgrund des Kriteriums der Wahrheit geklärt

34 Adorno, »Wissenschaftliche Erfahrungen in Amerika«, in diesem Band, 79.

35 Vgl. Theodor W. Adorno, »Erziehung nach Auschwitz« [1966/67], in: ders.: *Gesammelte Schriften*, Bd. 10.2: *Kulturkritik und Gesellschaft II*, Frankfurt/M. 1977, 674-690, hier 677.

36 Es gehört zum Kontext von »Meinung, Wahn, Gesellschaft«, daß in den 1950er und 1960er Jahren am IfS Meinungsstudien zum politischen Bewußtsein der westdeutschen Bevölkerung und ihrer Beziehung zur Demokratie entstanden; zudem gab es in dieser Zeit eine grundlegende Debatte über die Sphäre der Öffentlichkeit mit kontroversen Positionen von Helmut Schelsky und Jürgen Habermas. Siehe Helmut Schelsky, *Die skeptische Generation*, Düsseldorf 1957; Jürgen Habermas, *Strukturwandel der Öffentlichkeit*, Darmstadt, Neuwied 1962.

37 Adorno, »Meinung Wahn Gesellschaft«, in diesem Band, 125.

38 Ebd., 127.

werden, welches andererseits durch »das Pathogene der Realität« selbst aber irrational zu werden drohe.[39] Die Frage ist, wie man mit diesen Aporien umzugehen lernt. Eine Gesellschaft wird um so demokratischer, je mehr sie die blinde Verwendung von Meinungen, ihre »Wucherung«, zugunsten rationaler Erkenntnis abbaut.[40] Ob dieses gelingen kann, hängt von einer radikaleren Neulektüre der Wirklichkeit ab, die aber nur von dieser selbst erzeugt werden kann, nicht von der Anstrengung des Philosophen: »Nur real, nicht durch ihre intellektuelle Berichtigung allein wäre über die falsche Meinung hinauszukommen.«[41]

III.

Der Begriff des Individuums meint ein Faktisches, Einzelnes, eine Einheit, oft auch ein Abgeschlossenes und zuweilen ein Unauflösbares. Er wurde in der marxistischen Tradition Gegenstand der Ideologiekritik. Adornos Diagnose vom Zerfall des Individuums, von seiner Liquidierung oder totalen Regression ist gleichwohl für paradox gehalten worden – wie kann sich eine Einheit auflösen?[42]

Die Psychoanalyse hatte die Einheit des Individuums in drei innerpsychische Instanzen, Es, Ich und Über-Ich, aufgelöst. Adorno bediente sich dieser Sprache Freuds, noch während er dessen Modell historisierte:[43] Es sei kein Zufall, daß dieses in der zweiten Hälfte des 19. Jahrhunderts entstand, in der die Individualität als soziale Kategorie ihren Höhepunkt erreichte. Mit dem Verschwinden des freien Markts aber verschwand das Individuum in dieser Gestalt; die Psychologie jenes Gesellschaftscharakters selbst war zeitgebunden und mußte mit der Veränderung der Gesellschaft veralten.[44]

39 Ebd., 127.

40 Vgl. ebd., 116f., 127.

41 Ebd., 128.

42 Vgl. Christian Thies, *Die Krise des Individuums. Zur Kritik der Moderne bei Adorno und Gehlen*, Reinbek b. Hamburg 1997, 110.

43 Freud führte den Begriff des Über-Ichs in seiner zweiten Triebtheorie ein: ders., *Das Ich und das Es* [1913], in: ders., *Gesammelte Werke*, hg. von Anna Freud, Bd. XIII, Frankfurt/M. 1999.

44 Vgl. Adorno, »Bemerkungen«, 66f.

In der Psychoanalyse entsteht das Über-Ich durch die Identifizierung mit der Autorität des Vaters, die Internalisierung der äußeren Autoritäten, letztlich die Verinnerlichung der Forderungen der Zivilisation. Das Es, Triebpol der Persönlichkeit, Sitz der Libido (der zweiten Triebtheorie Freuds zufolge der Lebenstriebe wie des Aggressions- und Todestriebs), ist gewissermaßen der Gegenspieler des Über-Ichs. Zwischen diesen beiden Instanzen steht das Ich, das zwischen der bedrohlichen Libido des Es wie der Strenge des Über-Ichs zerrieben werden kann. Die Aufrichtung eines starken Ichs wäre in Termini der Psychoanalyse das mündige Subjekt, dem es im Individuationsprozeß gelungen ist, Es und Über-Ich zu bändigen beziehungsweise einen Ausgleich zwischen Triebwünschen und Gewissen zu finden. Dieser Prozeß erfordert Opfer in Gestalt von Triebunterdrückung und Repression, wie es in der *Dialektik der Aufklärung* heißt: »Furchtbares hat die Menschheit sich antun müssen, bis das Selbst, der identische, zweckgerichtete, männliche Charakter des Menschen geschaffen war, und etwas davon wird noch in jeder Kindheit wiederholt.«[45]

In dieser Weise wird der »quasi ahistorische, invariable« Kern der Charakterstruktur des mündigen Individuums in der liberalen Periode des 19. Jahrhunderts bestimmt. Er wird in Verbindung gebracht mit der Ökonomie und der im 20. Jahrhundert historisch neuen Tendenz des Verschwindens des freien Markts. In »der Angleichung des Menschen an die allmählich entstehende neue Ordnung« verschwindet auch das Individuum als autonome Instanz.[46] Hinter dieser Annahme mag die radikal historisierende These Horkheimers liegen, der historische Materialismus mit Basis/Überbau gelte strenggenommen nur für den klassischen liberalen Kapitalismus. Das Mißlingen des dazu notwendigen Individuationsprozesses führt zum Syndrom des »autoritären Charakters«, dem Idealtypus des Individuums im Kapitalismus des 20. Jahrhunderts, in der »verwalteten Welt«.[47]

Adorno spricht in den »Bemerkungen« von Ichschwäche, in *The*

45 Max Horkheimer, Theodor W. Adorno, *Dialektik der Aufklärung. Philosophische Fragmente* [1947], in: Max Horkheimer, *Gesammelte Schriften*, Bd. 5: *»Dialektik der Aufklärung« und Schriften 1940-1950*, hg. von Gunzelin Schmid Noerr, Frankfurt/M. 1987, 11-290, hier 56.

46 Adorno, »Bemerkungen«, 26.

47 Vgl. ebd., 66; Adorno, in: Adorno u. a., *Studien zum autoritären Charakter*, 122 f.

Authoritarian Personality von »Enteignung« des Über-Ichs.[48] Im Antisemitismus-Kapitel der *Dialektik der Aufklärung* heißt es, der einzelne werde »psychologisch expropriiert«.[49] Das bedeutet: »Das Über-Ich wird zum Sprecher des Es [...].«[50] Diese neue Konstellation setzt die nach Freud in jedem Menschen vorhandenen Destruktions- und Aggressionstriebe ungehemmt frei.

Das Modell der F-Skala spiegelt diese Umwandlung der verdrängten Libido in Destruktivität.[51] Konventionalismus, autoritäre Unterwürfigkeit, autoritäre Aggression, Anti-Intrazeption, Aberglaube und Stereotypie, Machtdenken und »Kraftmeierei«, Destruktivität und Zynismus, Projektivität, Fixierung auf sexuelle Fragen – all diese Variablen haben auf der Grundlage der geschilderten Psychodynamik Kohärenz. Hauptmerkmal des »autoritären Charakters« ist die Ambivalenz zwischen der Unterwerfung unter die Autoritäten und der destruktiven Rebellion gegen sie. Da sich das Individuum nicht gegen die wahren Unterdrücker auflehnen kann – zu groß ist die Macht der herrschenden Autoritäten –, wird ein Ersatzobjekt als Feind bestimmt. Adorno bezeichnet die Konsequenzen dieses Freund-Feind-Denkens (als Variable in der F-Skala: *Machtdenken*) als psychischen Totalitarismus.[52]

Um diesen Gedankengang zu verstehen, ist es wichtig, den von Horkheimer und Adorno entwickelten Begriff der Projektion vor Augen zu haben, der sich von dem unterscheidet, mit dem die damalige US-amerikanische Sozialpsychologie arbeitete, die die Projektion von Aggression oder Destruktivität als offensichtlichste psychologische Tatsache von Vorurteilsstrukturen einstufte.[53] In der *Dialektik der Aufklärung* unterziehen Horkheimer und Adorno den Begriff der Projektion einer philosophischen Analyse und unterscheiden zwischen konstitutiver und pathischer Projektion. Die konstitutive Projektion ist im Zuge der Evolution des Menschen entstanden und hat mit Angriffs- und Schutzleistungen zu

48 Vgl. Adorno, »Bemerkungen«, 60; Adorno, in: Adorno u. a., *Studien zum autoritären Charakter*, 144.

49 Horkheimer, Adorno, *Dialektik der Aufklärung*, 234.

50 Adorno, in: Adorno u. a., *Studien zum autoritären Charakter*, 139.

51 Vgl. oben, »Einleitung der Herausgeberin«, 16; vgl. Adorno, »Bemerkungen«, 60 f.

52 Vgl. Adorno, in: Adorno u. a., *Studien zum autoritären Charakter*, 143, 337 f.

53 Vgl. Adorno, »Bemerkungen«, 42, sowie ebd., Fn. der Hg., 37.

tun. Erst im Laufe der Gattungsentwicklung habe sich allmählich eine »innere Tiefe des Subjekts« herausgebildet, die der »Zartheit und dem Reichtum der äußeren Wahrnehmungswelt« angemessen ist.[54] Hier liegt – nahe am spekulativen Kern der frühen Kritischen Theorie – ein subtiles utopisches Element.

Die pathische Projektion ist dagegen, so Adorno, durch einen »Ausfall der Reflexion« gekennzeichnet: Weil nicht mehr auf die externe Welt und ihre Objekte reflektiert wird, verkümmert die Fähigkeit zur Selbstreflexion und die »Fähigkeit zur Differenz«, ja, es entsteht »Wut auf die Differenz«.[55] Entsprechend bezeichnete Adorno das Pathische in »Meinung Wahn Gesellschaft« als »verhärtete« Meinung; schon die Setzung einer Meinung, die bloße Aussage, irgend etwas sei so (und nicht anders), habe einen widersprüchlichen Charakter: einerseits Ausdruck der Vernunft, enthalte jede Meinung immer auch ein Element der Fixierung, der Verdinglichung, des Herrschaftlichen: »Überhaupt eine Meinung haben, urteilen, dichtet sich schon in gewissem Maß gegen die Erfahrung ab und tendiert zum Wahn, während andererseits doch nur der zum Urteil Fähige Vernunft hat: das ist vielleicht der tiefste und untilgbare Widerspruch im Meinen.«[56]

Der pathischen Projektion, der Wut auf die Differenz, der gewissermaßen leerlaufenden Rebellion gegen ein Ersatzobjekt, einen Feind, ist eine Radikalisierungsdynamik inhärent, die in den Wahn führt. Der Begriff des Wahns ist keine Metapher, sondern im Sinne von Paranoia als Verfolgungswahn nach Freud definiert. Im Faschismus, so Horkheimer und Adorno, wird dieser Wahn politisch, denn dort wird »das Wahnsystem zur vernünftigen Norm in der Welt [...]. Der Mechanismus, den die totalitäre Ordnung in Dienst nimmt, ist so alt wie die Zivilisation.«[57]

54 Horkheimer, Adorno, *Dialektik der Aufklärung*, 219.

55 Ebd., 219 u. 238; vgl. Adorno, »Meinung Wahn Gesellschaft«, 112.

56 Adorno, »Meinung Wahn Gesellschaft«, 114.

57 Horkheimer, Adorno, *Dialektik der Aufklärung*, 217.

IV.

Manche Rezeptionen von *The Authoritarian Personality* erwecken den Eindruck, als enthalte die Studie keine spezifische Antisemitismustheorie, kein differentielles Muster, durch das sich Vorurteile gegen Juden von Vorurteilen gegen andere Minderheiten unterscheiden ließe.[58] An der Relevanz, die das Thema für die Kritische Theorie hat, kann freilich kein Zweifel bestehen. In der *Dialektik der Aufklärung* wird die oben skizzierte Überlegung zur Projektion auf den Antisemitismus angewandt: »Das Pathische am Antisemitismus ist nicht das projektive Verhalten als solches, sondern der Ausfall der Reflexion darin.«[59] Antisemitismus wird mit Freuds Begriff der Paranoia als kollektive Paranoia verstanden. Als ein kollektiver Wahn ist er eine gesellschaftliche Krankheit im eigentlichen Wortsinn – diese Präzisierung zur »social disease« legten Horkheimer und Adorno ihrer empirischen Forschung zugrunde.[60]

In den »Bemerkungen« arbeitet Adorno vier Thesen einer Antisemitismustheorie heraus:

1. Der moderne Antisemitismus ist ein neuer Antisemitismus; er ist nicht der ewige Haß auf die Juden von der Antike bis in die Gegenwart.[61]

2. Dieser Antisemitismus ist »wahrlich *Unbehagen in der Kultur*«.[62] Er ist kein »fait social«, um einen Ausdruck Durkheims zu verwenden, sondern ein psychisches Mittel, um die (quasi ahistorische) Wut gegen die Zivilisation und die (quasi historische) Wut der um ihr Glück Betrogenen in der Klassengesellschaft als Zwangsverband zu »heilen«.

3. Das Gefühl, betrogen zu werden, stachelt barbarische Instinkte an und setzt eine Destruktivitätsdynamik in Gang, deren Exzessivität und Brutalität eine narzißtische Triebbefriedigung einbringt.

4. Der Antisemitismus hat ein Element des »Fake«. Weil der Antisemit letztlich selbst um das Geheuchelte, oder, wie Adorno

58 Vgl. Werner Bergmann, »Starker Auftakt – schwach im Abgang. Antisemitismusforschung in den Sozialwissenschaften«, in: ders. u. Mona Körte (Hg.), *Antisemitismusforschung in den Wissenschaften*, Berlin 2004, 219-240, hier 227.

59 Horkheimer, Adorno, *Dialektik der Aufklärung*, 219.

60 Vgl. Horkheimer, Flowerman, »Foreword«, in: *The Authoritarian Personality*, v.

61 Vgl. Adorno, »Bemerkungen«, 29.

62 Ebd., 56.

manchmal sagt, das »Angedrehte« weiß, muß er sich auf die subjektive Meinung, auf Idiosynkrasie, die reine Abneigung des infantilen Ausrufs »Ich kann dich ja nicht leiden«,[63] berufen.

All dies setzt eine Eskalationsdynamik in Gang:

der extreme Antisemit kann einfach nicht haltmachen. Auf Grund der ihm eigenen archaischen Logik, die assoziativen Übergängen näher ist als diskursiven Folgerungen, gelangt er, von relativ maßvollen Anschuldigungen zu den wildesten Schlüssen, die letzten Endes auf die Verkündigung des Todesurteils für diejenigen hinauslaufen, die er buchstäblich »nicht ausstehen« kann. Dieser Mechanismus begegnete uns in [den verdeckten Interviews der Labor Study; E.-M.Z.], wo sich die Befragten häufig »in den Antisemitismus hineinredeten«. [...] hier enthüllt die »Enteignung« des Über-Ichs durch den antisemitischen Moralismus, der nach Strafe verlangt, dessen volle Bedeutung.[64]

In »Meinung Wahn Gesellschaft« wiederholt Adorno diese Formulierung fast wörtlich: Bloße Meinung neige »zu jenem Nichtaufhören-Können« pathischer Projektion.[65] Dazu gehöre wesentlich das Bedürfnis nach Exzessen, das auch Sartre herausarbeitet.[66]

Die Auseinandersetzung mit Sartres *Überlegungen zur Judenfrage* zählt zu den interessantesten Passagen in den »Bemerkungen«. Adorno zeigt sich beeindruckt, daß jener zu Ergebnissen gelangen konnte, die seinen eigenen verblüffend ähnlich sind, ohne daß jener über die raffinierten Forschungsinstrumente der Forschungsgruppe verfügte. Er betrachtete dessen Arbeit, ebenso wie die Studie Eugene Hartleys, deshalb als große Bestätigung. Sie waren es in der Tat, da beide, Sartre und Hartley, ohne die Sprache der Psychoanalyse auskamen.

Trotz der Übereinstimmungen mit Sartre gibt es einen entscheidenden Unterschied. In Sartres Existentialismus ist der Mensch

63 Vgl. Horkheimer, Adorno, *Dialektik der Aufklärung*, 209, 212. Die These reicht zurück zu Adornos Arbeit über Wagner, in der er den sadistischen Mechanismus der individuellen Idiosynkrasie in Wagners Humor im *Siegfried* herausarbeitete: »›Ich kann dich ja nicht leiden, vergiss das nicht so leicht!‹« Vgl. Adorno, »Fragmente über Wagner«, 22.

64 Adorno, in: Adorno u. a., *Studien zum autoritären Charakter*, 143 f. Die von der Hg. gekennzeichnete Einfügung in eckigen Klammern ist in der deutschen Fassung der *Studien* fehlerhaft. Die Stelle lautet dort: »Interviews anderer Studien«.

65 Adorno, »Meinung Wahn Gesellschaft«, 116.

66 Vgl. Jean-Paul Sartre, *Réflexions sur la question juive*, Paris 1946, dt.: *Überlegungen zur Judenfrage*, Reinbek b. Hamburg 1994, 35; vgl. Adorno, »Bemerkungen«, 61.

frei und seine Freiheit stellt ihn immer vor eine Wahl. Diese Bestimmung der *conditio humana* gilt auch für die Judenfrage: Sartres Antisemit wählt den Antisemitismus. Adorno zufolge interpretiert Sartre diesen in Begriffen der Individualität, was darauf hinausläuft, daß er sich auf der Ebene der Subjektivität theoretisch auflösen ließe. Selbst wenn der Fall unwahrscheinlich ist: Würden sich alle freien Subjekte gegen den Antisemitismus entscheiden, ließe er sich objektiv beseitigen. Das wäre der Kritischen Theorie zufolge unmöglich, weil die Objektivität nicht subjektiv auflösbar ist.

V.

Wenn der Antisemitismus im Rahmen eines allgemeinen Musters von Vorurteilen zu erklären war – gab es dennoch etwas Spezifisches, in dem sich das Vorurteil gegen die jüdische Minorität von dem gegen andere Minderheiten unterschied? War die Beantwortung dieser Frage nicht zwingend angesichts der Destruktivität des Antisemitismus im Genozid an den Juden Europas, die man heute mit der »Singularität« dieses Völkermords in einen Begriff zu fassen versucht? Adorno hat sich im Zuge der Arbeiten nach 1945 die Frage nach einem differentiellen Muster des Antisemitismus gestellt, weshalb er zu einem relativ späten Zeitpunkt auf Grundlage von *Antisemitism among American Labor* einen zusätzlichen Fragebogen ausarbeitete, den er seiner Analyse in einem großen Kapitel über »Das Vorurteil im Interview-Material« zugrunde legte.[67] Im Gegensatz zur F-Skala arbeitet er hier mit direkten Fragen und manifesten Items, mit einer »Liste unangenehmer jüdischer Eigenschaften«. Durch das Zusatzmaterial, so schreibt er, hätten die Forscher mehr über die vorherrschenden Formen des Antisemitismus erfahren als über die Psychodynamik der antisemitischen Persönlichkeit.[68] Als deren dominante ergab sich insbesondere eine Form – die Leugnung der Prinzipien der Demokratie:

> Oft ist behauptet worden, der Antisemitismus sei der Vorkämpfer antidemokratischer Kräfte, eine Aussage, die ein wenig abgedroschen [...] klingt [...]. Blickt man aber auf das Material zurück, [...] so wird eine

67 Adorno, in: Adorno u. a., *Studien zum autoritären Charakter*, 105-173.
68 Vgl. ebd., 106.

Verbindung zwischen Antisemitismus und antidemokratischen Gefühlen deutlich. Gewiß wünschen nicht alle, die jetzt die Juden ausrotten wollen, danach mit den Iren oder Protestanten fortzufahren, wie manchmal behauptet wird. Doch impliziert die Beschränkung der Menschenrechte, die in der Idee der Sonderbehandlung der Juden gipfelt, nicht nur logisch letztlich die Abschaffung der demokratischen Regierungsform und folglich des legalen Schutzes des Individuums, sondern häufig wird sie von befragten H ganz bewußt mit antidemokratischen Gedanken zusammengebracht.[69]

Warum sind gerade die Juden der auserwählte Feind? Widersprach der Gedanke eines Spezifischen nicht wiederum der grundsätzlichen Hypothese von *The Authoritarian Personality*, daß das antisemitische Vorurteil sehr wenig mit den realen Eigenschaften der Juden zu tun habe?[70] Die Antisemitismustheorie Adornos ist aufgrund jener Hypothese oft als einfache Sündenbocktheorie mißverstanden worden. Die Juden sind »in der Tat der Sündenbock«,[71] aber »keineswegs nur oberflächlich«.[72] Da sich Idiosynkrasie an Besonderes hefte,[73] mußte der Grund für die Judenfeindschaft ein historischer sein. Historisch standen die Juden unter dem Schutz des Staats: »Stets blieb er Schutzjude«,[74] im Zeitalter des Feudalismus abhängig vom Fürsten, nach der Französischen Revolution mit der Emanzipation von der Verfassung. Feindschaft gegen Juden konnte somit auch stets die symbolische Funktion einer Auflehnung gegen die herrschende Ordnung erfüllen, wie Horkheimer und Adorno bereits in der *Dialektik der Aufklärung* betont hatten.[75] In den USA der 1940er Jahre, in denen Präsident Franklin D. Roosevelt als »King of the Jews« beschimpft wurde, war dieses Element konkret beobachtbar. Auch anderen Minderheiten, insbesondere Afroamerikanern, wurde mit rassistischen Vorurteilen begegnet, allerdings wurde nur den Juden Überlegenheit, ja Macht zugeschrieben,[76] ein Element, das in der vergleichenden Perspekti-

69 Ebd., 172. H = Versuchspersonen mit hohen Punktzahlen auf den Skalen.
70 Vgl. Adorno u. a., *Studien zum autoritären Charakter*, 3.
71 Horkheimer, Adorno, *Dialektik der Aufklärung*, 203.
72 Adorno, in: Adorno u. a., *Studien zum autoritären Charakter*, 108.
73 Vgl. Horkheimer, Adorno, *Dialektik der Aufklärung*, 209.
74 Vgl. ebd., 204.
75 Vgl. ebd., 199-202.
76 Das ergab auch die Studie von Bruno Bettelheim, Morris Janowitz, *Dynamics of Prejudice. A Psychological and Sociological Study of Veterans*, New York 1950, in der Reihe der *Studies in Prejudice*.

ve, die der amerikanische *melting pot* bot, viel deutlicher erkennbar wurde als in Europa. In Gestalt antisemitischer Stereotype drückte sich diese paranoide Zuschreibung von Überlegenheit, ja Macht an die Ohnmächtigen im Topos der »jüdischen Weltverschwörung« aus, gewissermaßen der Negativwendung der jüdischen Selbstbeschreibung als »auserwähltes Volk«.[77]

Das von Adorno so bezeichnete »Dilemma des Antisemiten« liegt darin, sich zwischen dem Befehl der Autoritäten, »der offiziellen demokratischen Ideologie, die das Vorurteil zu etwas Unrechtem stempelt«,[78] und dem eigentlichen Triebwunsch zur Aggression in Gestalt des antisemitischen Vorurteils entscheiden zu müssen. Wie dieses Dilemma zwischen manifestem Bekenntnis zu Demokratie und Amerikanismus einerseits und latenten oder manifesten Vorurteilen gegenüber Juden andererseits rationalisiert wird, untersuchte er am Interviewmaterial.[79]

Eine letzte zentrale Überlegung, die gleichzeitig sowohl in der nach 1945 geschriebenen These VII der »Elemente des Antisemitismus« als auch in *The Authoritarian Personality* entfaltet wird, handelt von der Verstetigung des Antisemitismus in der postfaschistischen Demokratie. Antisemitismus wird Normalität, ein auf Dauer gestellter, leidenschaftsloser, »totalitärer« Antisemitismus«, der sich »den Vorurteilen seiner eigenen Anhänger entfremdet« habe und nur noch »Anhängsel eines unvergleichbar Umfassenderen« sei, wie es in den »Bemerkungen« heißt.[80] Dieses Umfassendere ist die Rebellion gegen die Herrschenden:

Antisemitismus ist kaum mehr eine selbständige Regung, sondern eine Planke der Plattform: wer irgend dem Faschismus die Chance gibt, subskribiert mit der Zerschlagung der Gewerkschaften und dem Kreuzzug gegen den Bolschewismus automatisch auch die Erledigung der Juden. Die wie sehr auch verlogene Überzeugung des Antisemiten ist in die vorentschiedenen Reflexe der subjektlosen Exponenten ihrer Standorte übergegangen.[81]

77 Vgl. Horkheimer, Adorno, *Dialektik der Aufklärung*, 197, 219 f.
78 Adorno, in: Adorno u. a., *Studien zum autoritären Charakter*, 136.
79 Vgl. ebd., 135-139, bes. 137.
80 Vgl. Adorno, »Bemerkungen«, 40.
81 Horkheimer, Adorno, *Dialektik der Aufklärung*, 231.

VI.

The Authoritarian Personality wurde zu einem Klassiker der Sozialforschung des 20. Jahrhunderts, obwohl schon allein die Synthese aus psychoanalytischen Konzepten und empirischen Verfahren (Erhebungen, Meßtechniken, projektiven Tests) eine Provokation war. Und noch mehr war es die Diagnose eines potentiellen Faschismus, der die liberalen Demokratien jederzeit von innen heraus beerben konnte. Die methodische Grundlage dafür entstand eher zufällig: vor Beginn der Zusammenarbeit des IfS mit der Berkeley Public Opinion Study Group, als das Psychologie-Department der University of California 1943 eine kleine Geldzuwendung für ein Projekt zur Erforschung des Antisemitismus erhielt, der Meinungsumfragen zufolge seit dem Kriegseintritt der USA signifikant stieg. Daniel J. Levinson konstruierte gemäß den allerneuesten Standards der seit 1940 entwickelten Skalierungsverfahren für Einstellungsmessungen eine Antisemitismus-Skala, die später zur Grundlage der F-Skala wurde.[82] Anders als letztere enthielt sie direkte Fragen zu Juden und manifest negative Items zu stereotypen Topoi.[83]

Völlig unabhängig davon waren seit 1941 am IfS Pilotskizzen entstanden, die 1943 zu einer ersten Kooperation mit dem AJC und der Gruppe in Berkeley führten. Gleichzeitig begann die Vorbereitung der Arbeiten für *Antisemitism among American Labor*. Anfänglich, als 1944 auch die Arbeiten für *The Authoritarian Personality* anliefen (die bis etwa 1946 dauerten), überschnitten sich die Feldforschungen. Horkheimer war seit 1944 Forschungsdirektor der AJC-Forschungsabteilung und orchestrierte in den kommenden Jahren die in den USA geographisch und institutionell weitverstreuten Forschungsgruppen, aus denen die fünf Bände der *Studies in Prejudice* hervorgingen.

Adornos Aktivitäten standen außerdem in engem Entstehungszusammenhang mit dem Kapitel »Elemente des Antisemitismus« in der *Dialektik der Aufklärung*, das er mit Horkheimer 1943/44 in sechs Thesen ausgearbeitet hatte. Umgekehrt gingen spätere Erkenntnisse aus der laufenden empirischen Forschung in einen neuen Abschnitt zum Antisemitismus ein, der der *Dialektik der*

82 Vgl. Adorno, »Bemerkungen«, 25 f., Fn. 8.

83 Vgl. Daniel J. Levinson, R. Nevitt Sanford, »A Scale for the Measurement of Anti-Semitism«, in: *Journal of Psychology* 17 (1944), 339-370, bes. 347-349.

Aufklärung für die Drucklegung 1946 hinzugefügt wurde. Dieser Abschnitt, die oben schon erwähnte These VII, spiegelte den tiefen zeitgeschichtlichen Einschnitt des Jahres 1945 wider, der nach dem Genozid, in der postfaschistischen Ära, Überlegungen zu einer Theorie des Neoantisemitismus entfaltete.

All diese explorativen, experimentellen Arbeiten wurden flankiert von einer Reihe von Tagungen, Sammelbänden und Kooperationen, in denen sich der Forschungszusammenhang zum Antisemitismus zunehmend verdichtete. Doch waren die Juden weder die einzige noch die größte, noch die am stärksten diskriminierte Gruppe in den USA. Der Anteil der Afroamerikaner an der Gesamtbevölkerung, fast alle Nachkommen der als Sklaven dorthin Verschleppten, betrug an die 10 Prozent. Ihre Lage nach der Abschaffung der Sklaverei hatte W. E. B. Du Bois schon 1911 als Kastensystem charakterisiert; und auch dreißig Jahre später hatte sich daran wenig geändert,[84] wie ein Riesenprojekt zur Lage der Schwarzen offenlegte, das die Perspektiven Horkheimers und Adornos zur Lage der Juden veränderte. Geleitet von dem schwedischen Sozialwissenschaftler Gunnar Myrdal, lautete dessen Fazit, daß das universale Versprechen der Menschenrechte der US-Demokratie schlechthin auf dem Prüfstand stand, weil Afroamerikanern de facto die Grundrechte verwehrt wurden. Deshalb trug der Bericht einen aufs Fundamentale zielenden Titel: *An American Dilemma. The Negro Problem and Modern Democracy* (1944).[85]

Die Idee eines »Textbuchs à la Myrdal« wurde leitend für Adornos und Horkheimers Bemühungen um ein Antisemitismusprojekt.[86] Nach ihrer Einschätzung konnte sich in diesem Forschungsfeld jedoch – trotz aller Kritik Adornos an Freud und Otto Fenichel[87] – keine Untersuchung mit den neuesten psychoanalytischen Arbeiten dieser beiden messen, insbesondere nicht mit *Der Mann Moses und die monotheistische Religion* und »Psycho-Analysis of Anti-

84 Vgl. W. E. B. Du Bois, »The Negro Race in the United States of America« [1911], in: ders., *On Sociology and the Black Community*, Chicago, London 1978, 85-111, hier 105 f.

85 Vgl. Adorno, »Bemerkungen«, 62; Gunnar Myrdal u. a. (Hg.), *An American Dilemma. The Negro Problem and Modern Democracy*, New York, London 1944, bes. Kap. 1.

86 Brief Horkheimer an Adorno, 21. 1. 1945, in: dies., *Briefwechsel 1945-1949*, 32.

87 Vgl. Adorno, »Bemerkungen«, 65.

Semitism«.[88] Auch in den Sozialwissenschaften müsse man sich der Psychoanalyse bedienen, da die klassische Meinungsforschung dem Gegenstand mit Befragungen und Erhebungen ebensowenig gerecht werden könne wie die formale Soziologie mit Begriffen, die soziale Interaktionen von ihren historischen Formen abstrahiert als Phänomene begreift, die zu allen Zeiten und in allen Kulturen zu finden seien. Horkheimer und Adorno wollten *The Authoritarian Personality* als historisch konkrete Verbindung dessen verstanden sehen, »was man in weiterem Sinne ›Meinungsforschung‹ nennt, und tiefenpsychologischer Untersuchungen, die sich weitgehend der Freudschen Begriffe und Methoden bedienen«.[89] Den inhaltlichen, nicht methodischen Bezug zu Myrdals *An American Dilemma* legte Adorno in dem oben diskutierten Kapitel zum Thema Demokratie und Menschenrechte in seiner Kapitelüberschrift »Das Dilemma des Antisemiten« offen.[90]

VII.

The Authoritarian Personality und die anderen Bände der *Studies in Prejudice* erschienen 1949/50 und waren schon während ihres Entstehungsprozesses aufmerksam kommentiert worden. Das AJC schuf ein »Publicity Committee« und legte Listen von Rezensenten an, auf denen sich auch weltberühmte Schriftsteller wie Sinclair Lewis oder Thomas Mann sowie prominente Sozial- und Geisteswissenschaftler befanden. Radioprogramme, Sonntagsbeilagen von Tageszeitungen und dergleichen trugen zur Verbreitung bei und bis weit in die 1950er Jahre hinein wurde für die Studien geworben.[91] Teil der Kampagne war eine populärwissenschaftliche Zusammen-

88 Vgl. Max Horkheimer, »Antisemitismus: Der soziologische Hintergrund des psychoanalytischen Forschungsansatzes« [1944/1946], in: ders., *Gesammelte Schriften*, Bd. 5: *»Dialektik der Aufklärung« und Schriften 1940-1950*, hg. von Gunzelin Schmid Noerr, Frankfurt/M. 1987, 364-372, hier 365; Otto Fenichel, »The Psycho-Analysis of Anti-Semitism«, in: *American Imago* 1 (1940), 24-39.

89 Adorno, Horkheimer, »Vorurteil und Charakter«, 365.

90 Vgl. Adorno, in: Adorno u. a., *Studien zum autoritären Charakter*, 135-139, bes. 137.

91 Vgl. YIVO Institute for Jewish Research, New York: Folder: Anti-Semitism. AJC. Publications – »Science Looks at A-S«, 51-60.

fassung der *Studies in Prejudice* im Auftrag des AJC in Form eines Essays von Selma Hirsch, der 1955 unter dem Titel *The Fears Men Live By* erschien und, über ein weitgespanntes Fernleihsystem in den US-Bibliotheken verbreitet, ein Laienpublikum in der Erwachsenenbildung erreichte.[92]

Die Publikation der Reihe fiel mitten in die McCarthy-Ära und war hochgradig politisiert. So ungünstig das politische Klima, so günstig war die Zeit als Periode sozialwissenschaftlicher Innovationen. Die Verbindung der Konzepte der seit 1933 aus Europa vertriebenen Wissenschaftler mit dem US-amerikanischen Methodenwissen führten zu einer fruchtbaren Synthese. Exemplarisch für das polarisierte Rezeptionsklima war auf der einen Seite die Reaktion des Soziologen Edward A. Shils, eines antikommunistischen Exliberalen, der den Autoren ein positives Vorurteil gegenüber den Kommunisten vorwarf, weil sie den »autoritären Charakter« nur auf der Rechten des politischen Spektrums suchten.[93] Auf der anderen Seite stand der linke, später neokonservative Soziologe Nathan Glazer, Mitautor von *The Lonely Crowd*, der in einer dezidiert positiven Rezension scharfsinnig die gesellschaftstheoretische Grundierung herausarbeitete.[94] In der Bundesrepublik Deutschland dagegen blieb das Echo auf die Studie spärlich, obwohl der reputationsstarke Soziologe Leopold von Wiese, der Herausgeber der wichtigsten Fachzeitschrift der Profession und Vertreter der formalen Soziologie, alle Bände der Reihe 1950/51 in diesem Periodikum ausführlich besprach.[95]

In den USA war die erste Auflage von *The Authoritarian Perso-*

92 Selma G. Hirsch, *The Fears Men Live By*, New York 1955.

93 Vgl. Edward A. Shils, »Authoritarianism: ›Right‹ and ›Left‹«, in: Richard Christie, Marie Jahoda (Hg.), *Studies in the Scope and Method of »The Authoritarian Personality«*, Glencoe 1954, 24-49. Adorno schrieb dazu: »As to Shils, I am rather shocked by his article.« Adorno, Brief an Marie Jahoda, 22.6.1953, in: Theodor W. Adorno, Max Horkheimer, *Briefwechsel 1950-1969*, hg. von Christoph Gödde u. Henri Lonitz, Frankfurt/M. 2006, 872.

94 Vgl. Nathan Glazer, »The Study of Man. The Authoritarian Personality in Profile«, in: *Commentary* (Juni 1950), 577-583. Schon vor Erscheinen hatte Glazer die entstehende Reihe positiv kommentiert: ders., »The Social Scientists Dissect Prejudice. An Appraisal of Recent Studies«, in: *Commentary* 1 (1946), 79-85.

95 Vgl. Leopold von Wiese, »Studien über das Vorurteil«, in: *Kölner Zeitschrift für Soziologie und Sozialpsychologie* 3 (1950/51), 214-221; ders., »Studies in Prejudice«, ebd., 472-478.

nality schon nach wenigen Wochen vergriffen. Es folgten Neuauflagen und schon 1958 ein erster Überblick über die explodierende Sekundärliteratur.[96] Der Studie eigens gewidmete Bände erschienen 1954, 1993, 2012 und 2018,[97] neben zahllosen anderen Beiträgen, in denen sie thematisiert wird.[98]

Bis heute regt *The Authoritarian Personality* zu Folgestudien an, deren Zahl sich schon 1989 auf 2341 belief; inzwischen dürften es weit mehr sein.[99] Ein schönes Beispiel für eine produktive Wirkungsgeschichte und den Fortgang der Sozialwissenschaften, in dem die Frankfurter Schule gerade jenseits ihres besonderen Theoriezusammenhangs einen ihrer wohl bedeutendsten Erfolge erzielt hat. Denn Arbeiten des Frankfurter IfS, des Kreises der ursprünglichen Mitarbeiter oder der Schüler, machen nur einen verhältnismäßig kleinen Teil dieser Folgestudien aus. Zu nennen wären von diesen das Anfang der 1950er Jahre begonnene »Gruppenexperiment« zur Erforschung politischer Einstellungen verschiedener Bevölkerungsgruppen Westdeutschlands sowie Adornos Analyse des »sekundären Aberglaubens« anhand der Astrologie-Kolumne

96 Richard Christie, Peggy Cook, »A Guide to Published Literature Relating to The Authoritarian Personality through 1956«, in: *Journal of Psychology* 45 (1958), 171- 199.

97 Christie, Jahoda (Hg.), *Studies in the Scope and Method of »The Authoritarian Personality«*, 1954; William F. Stone, Gerda Lederer, Richard Christie (Hg.), *Strength and Weakness. The Authoritarian Personality Today*, New York, Berlin 1993; Gareth Norris, *The Developing Idea of The Authoritarian Personality. An Historical Review of the Scholarly Debate, 1950-2011*, Lewiston 2012; Marasco (Hg.), *The Authoritarian Personality.*

98 Vgl. etwa: Jos D. Meloen, »The Fortieth Anniversary of ›The Authoritarian Personality‹«, in: *Politics and the Individual* 1 (1991), 119-127; Michael Werz, »Untrennbarkeit von Material und Methode. Zur wechselvollen Rezeption der Authoritarian Personality«, in: Detlev Claussen, Oskar Negt, Michael Werz (Hg.), *Hannoversche Schriften 4: Philosophie und Empirie*, Frankfurt/M. 2001, 40-68; John Levi Martin, »The Authoritarian Personality, 50 Years Later: What Lessons are There for Political Psychology?«, in: *Political Psychology* 22:1 (2001), 1-26; Jochen Fahrenberg, John M. Steiner, »Adorno und und die autoritäre Persönlichkeit«, in: *Kölner Zeitschrift für Soziologie und Sozialpsychologie* 56 (2004), 127-152.

99 Vgl. Jos D. Meloen, »The F Scale as a Predictor of Fascism: An Overview of 40 Years of Authoritarianism Research«, in: Stone u. a. (Hg.), *Strength and Weakness*, 47-69; Norris, *The Developing Idea of The Authoritarian Personality*, 47-69.

der *Los Angeles Times*.[100] Seit den späten 1950er Jahren entstanden in Frankfurt Untersuchungen mit einer neuen Autoritarismus-Skala, die in Repräsentativerhebungen zu aktuellen Fragen der politischen Öffentlichkeit wie der *Spiegel*-Affäre oder dem Aufstieg der NPD verwendet wurde. In Mexiko wurde unter Mitwirkung Fromms der Wandel des »Gesellschaftscharakters« von Bauern unter den Bedingungen der Industrialisierung von den 1950er bis in die 1970er Jahre untersucht.[101] Ein norwegisches Projekt, das Osloer Nationalismus-Projekt einer jungen Forschungsgruppe von 1951, knüpfte mit maßgeblicher Beteiligung von Frenkel-Brunswik an *The Authoritarian Personality* an.[102]

Jenseits davon aber wurde die Ausgangsstudie, zunächst vor allem im englischsprachigen Raum, in kritischen Modifikationen rezipiert, die zentrale Elemente ihrer Theorie unberücksichtigt ließen. Mit dem Modell der F-Skala wurden andere soziale Gruppen, vor allem Arbeiter, in den Blick genommen und alternative Skalen entwickelt, von den 1950er bis in die 1980er Jahre besonders von Milton Rokeach, Seymour Martin Lipset und Bob Altemeyer.[103] Verbunden mit den eingangs erwähnten Übersetzungen von *The Authoritarian Personality* in viele Sprachen wurde international mit Variationen der F-Skala gearbeitet, etwa in den Niederlanden,[104]

100 Vgl. Friedrich Pollock (Bearb.), *Gruppenexperiment. Ein Studienbericht* (= *Frankfurter Beiträge zur Soziologie 2*), Frankfurt/M. 1955; Adorno schrieb hierfür Kapitel 5, »Schuld und Abwehr«; siehe ders.: *Gesammelte Schriften*, Bd. 9.2: *Soziologische Schriften II.2*, Frankfurt/M. 1975, 147-322. Theodor W. Adorno, »Vorbemerkung« (1956), in: »The Stars Down to Earth«, in: ders., *Gesammelte Schriften*, Bd. 9.2, 7-120, hier 11 f.

101 Erich Fromm, Michael Maccoby, *Social Character in a Mexican Village*, New Brunswick 1970.

102 Vgl.. Harald Ofstad, »Nasjonalisme og uskyldig aggresjon«, in: *Tidsskrift for samfunnsforskning* 7:4 (1966), 199-240, hier 239; vgl. Frederik W. Thue, *In Quest of a Democratic Social Order. The Americanization of Norwegian Social Scholarship 1918-1970*, Oslo 2005, 358 f.

103 Vgl. Milton Rokeach, *Political and Religious Dogmatism: An Alternative to the Authoritarian Personality*, New York 1956; ders., *The Open and Closed Mind*, New York 1960, bes. 13-15; Seymour Martin Lipset, *Political Man*, London 1960 (bes. 97-130 u. 104 f.; 131-176); Bob Altemeyer, *Right-Wing Authoritarianism*, Winnipeg 1981.

104 Jos D. Meloen, C. P. Middendorp, »Potentieel fascisme in Nederland«, in: *Jaarboek van de Nederlandse vereniging voor Marktonderzoekers*, Haarlem 1985, 93-108.

in Südafrika,[105] in der Sowjetunion[106] und in Israel,[107] um nur einige Beispiele zu nennen. Erst vor wenigen Jahren wurde ein europäischer Ländervergleich im großen Maßstab vorgelegt.[108] Methodische Vorbehalte gegenüber dem Original wurden mit Blick auf die Trennschärfe der Items in neuen Skalenkonstruktionen bearbeitet, die sich allerdings nicht zwangsläufig als überlegen erwiesen haben.[109]

Die Rezeptionen in Europa und den USA verliefen weitgehend getrennt voneinander. Eine der wenigen Ausnahmen, in der diese Rezeptionsstränge zusammengebracht und sogar die eigenen Nachkriegsstudien des IfS berücksichtigt wurden, war der Band *Strength and Weakness. The Authoritarian Personality Today* von 1993.[110] Seit 2017 hat jenseits der Sozialpsychologie in den USA und in Europa aufs neue eine Auseinandersetzung mit der Studie eingesetzt, in der die aktuellen politischen Dynamiken im Bemühen um eine Erneuerung der Kritischen Theorie mit dem dialektischen Konzept des autoritären Charakters diskutiert werden, etwa von Wendy Brown, Hauke Brunkhorst oder Peter Gordon.[111]

Der Klassiker der Sozialwissenschaften ist mittlerweile ohne Frage auch zu einem Klassiker im allgemeinen Bildungsbewußtsein geworden. Wenn es noch eines Beleges bedürfte: Er findet

105 A.T.J. Nooiji, *De Boerenpartij; desoriëntatie en radikalisme onder de boeren,* Diss., Meppel 1969.

106 Sam McFarland, Vladimir Ageyev, Marina Abalanka, »The Authoritarian Personality in the United States and the Former Soviet Union: Comparative Studies«, in: Stone u. a. (Hg.), *Strength and Weakness*, 199-225.

107 Gidi Rubinstein, »Two Peoples In One Land. A Validation Study of Altemeyer's Right-Wing Authoritarianism Scale in the Palestinian and Jewish Societies in Israel«, in: *Journal of Cross-Cultural Psychology* 27:2 (1996), 216-230. Rubinstein bezieht sich auf *The Authoritarian Personality* und die Arbeiten von Rokeach.

108 Vgl. Sabrina de Regt, Tim Smits, Dimitri Mortelmans, »Trends in Authoritarianism: Evidence from 31 European Countries«, in: *International Journal of Social Sciences and Humanity Studies* 3:1 (2011), 395-404.

109 Vgl. Gunzelin Schmid Noerr, »Zur kritischen Theorie des psychischen und politischen Autoritarismus«, in: Ulrich Ruschig, Hans-Ernst Schiller (Hg.), *Staat und Politik bei Horkheimer und Adorno*, Baden-Baden 2014, 41-59, hier 48f.

110 Vgl. Stone u. a. (Hg.), *Strength and Weakness*, 12f.

111 Vgl. Wendy Brown, »Neoliberalism's Frankenstein. Authoritarian Freedom in Twenty-First Century ›Democracies‹«, in: dies, Gordon, Pensky, *Authoritarianism*, 7-43, bes. 9; vgl. den Beitrag von Gordon, »The Authoritarian Personality revisited«, 70; vgl. Brunkhorst, »Der Wahrheitsgehalt der Kulturindustrie«, 237.

sich in den Feuilletons und – fast wortwörtlich – auf der Internet-Seite des bayerischen Verfassungsschutzes zum Stichwort »Autoritarismus«.[112]

Adorno beschäftigte die Thematik bis in die späten 1960er Jahre. Er war überzeugt, daß sich Zerfallstendenzen der Gesellschaft unter der Oberfläche vorbereiteten und daß die Frage nach dem »Kitt«, der die Gesellschaft zusammenhält – eine Schlüsselfrage des IfS schon in den 1930er Jahren –, sich angesichts dieser Tendenzen neu stellen würde. Das Ende seiner allerletzten Vorlesung im Juli 1968 widmete er dem sozialpsychologischen Moment. Als »Moment der Produktionsverhältnisse« hat es ihm zufolge in der Kritischen Theorie nicht nur als Thema seine Berechtigung, es gehört ihr vielmehr grundlegend zu in einer Gegenwart, in der sich »das System nicht einfach durch Zwangsanwendung den Subjekten gegenüber, sondern auch durch die Subjekte« selbst hindurch erhält.[113]

112 Gero von Randow, »Der Trick mit der Gefühlsbefreiung«, in: *Die Zeit* 17.11. (2018), 38; Sieglinde Geisel, »Das Autoritäre in uns. Der geheime Wunsch nach starker Führung«, Deutschlandfunk Kultur, Sendung »Politisches Feuilleton« vom 29.11.2018, online unter ⟨https://www.deutschlandfunkkultur.de/das-autoritaere-in-uns-der-geheime-wunsch-nach-starker.1005.de.html?dram:article_id=434444⟩, letzter Zugriff am 7.5.2019; ⟨http://www.verfassungsschutz.bayern.de/rechtsextremismus/definition/ideologie/autoritarismus/index.html⟩, letzter Zugriff am 26.4.2019.

113 Adorno, *Einleitung in die Soziologie*, 254.

Editorische Notiz

»Bemerkungen zu *The Authoritarian Personality* von Adorno, Frenkel-Brunswik, Levinson, Sanford« liegt das auf englisch verfaßte Original mit dem Titel »Remarks on ›The Authoritarian Personality‹ by Adorno, Frenkel-Brunswik, Levinson, Sanford« zugrunde. Das Originaltyposkript ist mit dem handschriftlichen Vermerk »1948« versehen und befindet sich im Nachlaß Max Horkheimers, der im Archivzentrum der Universitätsbibliothek J.B. Senckenberg an der Goethe-Universität Frankfurt am Main aufbewahrt wird: UBA Ffm Na 1, 506. Aus dem Briefwechsel mit Max Horkheimer geht hervor, daß Adorno den Text Ende 1947 geschrieben hat (vgl. Brief Nr. 418, in: Theodor W. Adorno, Max Horkheimer, *Briefwechsel 1945-1949*, hg. von Christoph Gödde u. Henri Lonitz, Frankfurt/M. 2005, 187-189, hier: 188, unter 5.).

»Meinung Wahn Gesellschaft« geht auf einen Vortrag zurück, den Adorno im Oktober 1960 in Bad Wildungen auf den von der Hessischen Landesregierung veranstalteten Hochschulwochen für staatswissenschaftliche Fortbildung hielt. Erstdruck des Vortrags in: *Der Monat*, 14. Jahrgang, Dezember 1961, 17-26. Die erweiterte und überarbeitete Fassung letzter Hand erschien in: Theodor W. Adorno, *Eingriffe. Neun kritische Modelle*, Frankfurt/M. 1963, 147-172; wiederabgedruckt in: ders., *Gesammelte Schriften*, hg. von Rolf Tiedemann, Bd. 10: *Kulturkritik und Gesellschaft*, Frankfurt/M. 1977, 573-594.

»Wissenschaftliche Erfahrungen in Amerika« erschien zuerst auf englisch in der Übersetzung von Donald Fleming unter dem Titel »Scientific Experiences of a European Scholar in America« in: *Perspectives in American History*, hg. v. The Charles Warren Center for Studies in American History/Harvard University, Bd. II, 1968, 338-370. Erstdruck auf deutsch in: *Neue Deutsche Hefte*, 16. Jahrgang, Heft 2, Juni 1969, 3-42. Die Ausgabe letzter Hand erschien in Theodor W. Adorno, *Stichworte. Kritische Modelle 2*, Frankfurt/M. 1969, 113-150; wiederabgedruckt in: ders., *Gesammelte Schriften*, hg. von Rolf Tiedemann, Bd. 10: *Kulturkritik und Gesellschaft*, Frankfurt/M. 1977, 702-738.

Theodor W. Adorno
im Suhrkamp Verlag

Gesammelte Schriften in zwanzig Bänden. Herausgegeben von Rolf Tiedemann unter Mitwirkung von Gretel Adorno, Susan Buck-Morss und Klaus Schultz.

- Band 1: Philosophische Frühschriften. stw 1701. 384 Seiten
- Band 2: Kierkegaard. Konstruktion des Ästhetischen. stw 1702. 266 Seiten
- Band 4: Minima Moralia. Reflexionen aus dem beschädigten Leben. stw 1704. 303 Seiten
- Band 5: Zur Metakritik der Erkenntnistheorie. stw 1705. 386 Seiten
- Band 6: Negative Dialektik. Jargon der Eigentlichkeit. stw 1706. 531 Seiten
- Band 7: Ästhetische Theorie. stw 1707. 582 Seiten
- Band 8: Soziologische Schriften I. stw 1708. 587 Seiten
- Band 9: Soziologische Schriften II. Zwei Bände. stw 1709. 924 Seiten
- Band 10: Kulturkritik und Gesellschaft. Prismen. Ohne Leitbild. Eingriffe. Stichworte. Anhang. Zwei Bände. stw 1710. 843 Seiten
- Band 11: Noten zur Literatur. stw 1711. 708 Seiten
- Band 12: Philosophie der neuen Musik. stw 1712. 206 Seiten
- Band 13: Die musikalischen Monographien. stw 1713. 521 Seiten
- Band 14: Dissonanzen. Einleitung in die Musiksoziologie. stw 1714. 449 Seiten
- Band 15: Komposition für den Film (gemeinsam mit Hanns Eisler). Der getreue Korrepetitor. stw 1715. 406 Seiten
- Band 16: Musikalische Schriften I-III. Klangfiguren (I). Quasi una fantasia (II). Musikalische Schriften (III). stw 1716. 683 Seiten
- Band 17: Musikalische Schriften IV. Moments musicaux. Impromptus. stw 1717. 349 Seiten

NF 138/1/12.16

- Band 18: Musikalische Schriften V. stw 1718. 841 Seiten
- Band 19: Musikalische Schriften VI. stw 1719. 665 Seiten
- Band 20: Vermischte Schriften. Zwei Bände. stw 1720. 877 Seiten

Nachgelassene Schriften
Herausgegeben vom Theodor W. Adorno Archiv

Abteilung I: Fragment gebliebene Schriften

- Band 3: Current of Music. Elements of a Radio Theory. Herausgegeben von Robert Hullot-Kentor. 690 Seiten. Gebunden

Abteilung IV: Vorlesungen

- Band 2: Einführung in die Dialektik. Herausgegeben von Christoph Ziermann. 439 Seiten. Gebunden
- Band 3: Ästhetik. Herausgegeben von Eberhard Ortland. 522 Seiten. Gebunden
- Band 4: Kants »Kritik der reinen Vernunft«. Herausgegeben von Rolf Tiedemann. 440 Seiten. Gebunden
- Band 6: Philosophie und Soziologie. Herausgegeben von Dirk Braunstein. 459 Seiten. Gebunden
- Band 7: Ontologie und Dialektik. Herausgegeben von Rolf Tiedemann. 448 Seiten. Gebunden
- Band 9: Philosophische Terminologie. Herausgegeben von Henri Lonitz. 912 Seiten. Gebunden
- Band 10: Probleme der Moralphilosophie. Herausgegeben von Thomas Schröder. 318 Seiten. Gebunden
- Band 12: Philosophische Elemente einer Theorie der Gesellschaft. Herausgegeben von Tobias ten Brink und Marc Phillip Nogueira. 278 Seiten. Gebunden
- Band 13: Zur Lehre von der Geschichte und von der Freiheit. Herausgegeben von Rolf Tiedemann. stw 1785. 491 Seiten
- Band 14: Metaphysik. Begriff und Probleme. Herausgegeben von Rolf Tiedemann. 320 Seiten. Gebunden

NF 138/2/12.16

- Band 15: Einleitung in die Soziologie. Herausgegeben von Christoph Gödde. 330 Seiten. Gebunden
- Band 16: Vorlesung über negative Dialektik. Herausgegeben von Rolf Tiedemann. 464 Seiten. Gebunden
- Band 17: Kranichsteiner Vorlesungen. Herausgegeben von Klaus Reichert und Michael Schwarz. Mit einer DVD. 600 Seiten. Gebunden

Briefe und Briefwechsel
Herausgegeben vom Theodor W. Adorno Archiv

- Band 1: Theodor W. Adorno – Walter Benjamin. Briefwechsel 1928-1940. Herausgegeben von Henri Lonitz. 501 Seiten. Gebunden
- Band 2. Theodor W. Adorno – Alban Berg. Briefwechsel 1925-1935. Herausgegeben von Henri Lonitz. 380 Seiten. Gebunden
- Band 3: Theodor W. Adorno – Thomas Mann, Briefwechsel 1943-1955. Herausgegeben von Christoph Gödde und Thomas Sprecher. 179 Seiten. Gebunden
- Band 4.1: Adorno – Max Horkheimer. Briefwechsel I. 1927-1937. Herausgegeben von Christoph Gödde und Henri Lonitz. 612 Seiten. Gebunden
- Band 4.2.: Adorno – Max Horkheimer. Briefwechsel II. 1938-1944. Herausgegeben von Christoph Gödde und Henri Lonitz. 662 Seiten. Gebunden
- Band 4.3.: Adorno – Max Horkheimer. Briefwechsel III. 1945-1949. Herausgegeben von Christoph Gödde und Henri Lonitz. 589 Seiten. Gebunden
- Band 4.4 Adorno – Max Horkheimer. Briefwechsel IV. 1950-1969. Herausgegeben von Christoph Gödde und Henri Lonitz. 1078 Seiten. Gebunden
- Band 5: Briefe an die Eltern. 1939-1951. Herausgegeben von Christoph Gödde und Henri Lonitz. Mit einem vierfarbigen Bildteil. 576 Seiten. Gebunden

NF 138/3/12.16

- Band 7: Adorno – Siegfried Kracauer. Briefwechsel 1923-1966. »Der Riß der Welt geht auch durch mich ...«. 772 Seiten. Gebunden
- Band 8: Theodor W. Adorno – Gershom Scholem. Briefwechsel. 1939-1969. »Der liebe Gott wohnt im Detail«. Herausgegeben von Asaf Angermann. 548 Seiten. Gebunden

»So müßte ich ein Engel und kein Autor sein«. Adorno und seine Frankfurter Verleger. Der Briefwechsel mit Peter Suhrkamp und Siegfried Unseld. Herausgegeben von Wolfgang Schopf. 650 Seiten. Gebunden

Einzelausgaben. Eine Auswahl

Beethoven. Philosophie der Musik. Fragmente und Texte. Herausgegeben von Rolf Tiedemann. stw 1727. 392 Seiten

Einleitung in die Soziologie. Herausgegeben von Christoph Gödde. stw 1673. 336 Seiten

Erziehung zur Mündigkeit. Voträge und Gespräche mit Hellmut Becker 1959 bis 1969. Herausgegeben von Gerd Kadelbach. st 11. 148 Seiten

Jargon der Eigentlichkeit. Zur deutschen Ideologie. es 91. 139 Seiten

Minima Moralia. Reflexionen aus dem beschädigten Leben. BS 236. 339 Seiten

Negative Dialektik. stw 1706. 531 Seiten

Studien zum autoritären Charakter. Übersetzt von Milli Weinbrenner. stw 1182. 483 Seiten

NF 138/4/12.16

Traumprotokolle. Herausgegeben von Christoph Gödde und Henri Lonitz. Mit einem Nachwort von Jan Philipp Reemtsma. BS 1385. 122 Seiten

Zu einer Theorie der musikalischen Reproduktion. Herausgegeben von Henri Lonitz. stw 1750. 400 Seiten

Zur Lehre von der Geschichte und von der Freiheit. stw 1785. 491 Seiten

NF 138/5/12.16

Psychoanalyse, Sozialpsychologie und Psychologie im Suhrkamp Verlag
Eine Auswahl

Didier Anzieu. Das Haut-Ich. Übersetzt von Meinhard Korte und Marie-Hélène Lebourdais-Weiss.
Gebunden und stw 1255. 324 Seiten

Wilfried R. Bion. Elemente der Psychoanalyse. Übersetzt und mit einer Einleitung von Erica Krejci. stw 1758. 149 Seiten

William Damon. Die soziale Welt des Kindes. Übersetzt von Uta S. Eckensberger. stw 884. 315 Seiten

Gilles Deleuze. Schizophrenie und Gesellschaft. Texte und Gespräche von 1975 – 1995. Aus dem Französischen von Eva Moldenhauer. Hg von David Laponjade. 384 Seiten. Gebunden

Georges Devereux
- Realität und Traum. Psychotherapie eines Prärie-Indianers. Mit einem Vorwort von Magaret Mead. Übersetzt von Maja Hallberg. 704 Seiten. Gebunden
- Träume in der griechischen Tragödie. Eine ethnopsychoanalytische Untersuchung. Übersetzt von Klaus Staudt. stw 536. 551 Seiten

Anita Eckstaedt
- Die Kunst des Anfangs. Psychoanalytische Erstgespräche. stw 1174. 286 Seiten
- Nationalsozialismus in der »zweiten Generation«. Psychoanalyse von Hörigkeitsverhältnissen. stw 1026. 516 Seiten
- ›Der Struwwelpeter‹. Dichtung und Deutung. Eine psychoanalytische Studie. 228 Seiten. Gebunden

NF 122/1/3.09

Michel Foucault

- Die Macht der Psychiatrie. Vorlesungen am Collège de France 1973/1974. Aus dem Französischen von Claudia Brede-Konersmann. 595 Seiten. Gebunden
- Psychologie und Geisteskrankheit. Aus dem Französischen von Anneliese Botond. es 272. 132 Seiten

Iris Hanika / Edith Seifert. Die Wette auf das Unbewußte. Oder was sie schon immer über Psychoanalyse wissen wollten. es 2457. 173 Seiten

Eric R. Kandel. Psychiatrie, Psychoanalsyse und die neue Biologie des Geistes. 341 Seiten. Gebunden

Lawrence Kohlberg

- Die Psychologie der Lebensspanne. Übersetzt von Detlef Garz. Herausgegeben, bearbeitet und mit einer Einleitung versehen von Wolfgang Althof und Detlef Garz. Gebunden. 346 Seiten
- Die Psychologie der Moralentwicklung. Herausgegeben von Wolfgang Althof und Detlef Garz. Übersetzt von Detlef Garz. stw 1232. 564 Seiten

Hermann Lang

- Das Gespräch als Therapie. Mit einem Geleitwort von Hans-Georg Gadamer. stw 1293. 272 Seiten
- Strukturale Psychoanalyse. stw 1292. 352 Seiten

Nicolas Langlitz. Die Zeit der Psychoanalyse. Lacan und das Problem der Sitzungsdauer. stw 1757. 300 Seiten

Jean Piaget

- Einführung in die genetische Erkenntnistheorie. Übersetzt von Friedhelm Herborth. stw 6. 106 Seiten
- Weisheit und Illusionen der Philosophie. Übersetzt von

Friedhelm Herborth. stw 539. 286 Seiten

Paul Ricoeur. Die Interpretation. Ein Versuch über Freud. Aus dem Französischen von Eva Moldenhauer. stw 76. 400 Seiten

Alenka Zupančič. Das Reale einer Illusion. Kant und Lacan. Übersetzt von Reiner Ansén. stw 1546. 142 Seiten

Slavoj Žižek
- Die gnadenlose Liebe. Übersetzt von Nikolaus Schneider. st 1545. 188 Seiten
- Körperlose Organe. Bausteine für eine Begegnung zwischen Deleuze und Lacan. Aus dem Englischen von Nikolaus G. Schneider. stw 1698. 297 Seiten
- Parallaxe. Übersetzt von Frank Born. 448 Seiten. Gebunden
- Die Tücke des Subjekts. Übersetzt von Andreas Hofbauer. 552 Seiten. Gebunden

NF 122/3/3.09

Jürgen Habermas
im Suhrkamp Verlag
Eine Auswahl

Ein Bewußtsein von dem, was fehlt. Eine Diskussion mit Jürgen Habermas. Herausgegeben von Michael Reder und Josef Schmidt. es 2537. 109 Seiten

Die Einbeziehung des Anderen. Studien zur politischen Theorie. stw 1444. 404 Seiten

Erkenntnis und Interesse. stw 1. 420 Seiten

Erläuterungen zur Diskursethik. stw 975. 229 Seiten

Faktizität und Geltung. Beiträge zur Diskurstheorie des Rechts und des demokratischen Rechtsstaats. 667 Seiten. Gebunden. stw 1361. 704 Seiten

Glauben und Wissen. Rede zum Friedenspreis des Deutschen Buchhandels. es-Sonderdruck. 60 Seiten

Legitimationsprobleme im Spätkapitalismus. es 623. 196 Seiten

Moralbewußtsein und kommunikatives Handeln. stw 422. 208 Seiten

Nachmetaphysisches Denken. Philosophische Aufsätze. Gebunden und stw 1004. 286 Seiten

Nachmetaphysisches Denken II. Aufsätze und Repliken. Gebunden/Broschur. 335 Seiten

NF 119/1/10.15

Philosophisch-politische Profile. Gebunden und stw 659. 479 Seiten

Der philosophische Diskurs der Moderne. Zwölf Vorlesungen. stw 749. 450 Seiten

Die postnationale Konstellation. es 2095. 272 Seiten

Philosophische Texte. Studienausgabe in fünf Bänden
- Sprachtheoretische Grundlegung der Soziologie. Band 1. Broschur. 411 Seiten
- Rationalitäts- und Sprachtheorie. Band 2. Broschur. 389 Seiten
- Diskursethik. Band 3. Broschur. 470 Seiten
- Politische Theorie. Band 4. Broschur. 437 Seiten
- Kritik der Vernunft. Band 5. Broschur. 463 Seiten

Strukturwandel der Öffentlichkeit. Untersuchungen zu einer Kategorie der bürgerlichen Gesellschaft. stw 891. 391 Seiten

Technik und Wissenschaft als »Ideologie«. es 287. 184 Seiten

Texte und Kontexte. stw 944. 217 Seiten

Theorie des kommunikativen Handelns.
- Bd. 1: Handlungsrationalität und gesellschaftliche Rationalisierung
- Bd. 2: Zur Kritik der funktionalistischen Vernunft. Gebunden und stw 1175. 1216 Seiten

Theorie und Praxis. Sozialphilosophische Studien. stw 243. 473 Seiten

Vom sinnlichen Eindruck zum symbolischen Ausdruck. Philosophische Essays. BS 1233. 156 Seiten

NF 119/2/10.15

NF 119/3/10.15

Die nachholende Revolution. Kleine politische Schriften VII. es 1633. 225 Seiten

Die Normalität einer Berliner Republik. Kleine politische Schriften VIII. es 1967. 188 Seiten

Zeit der Übergänge. Kleine politische Schriften IX. es 2262. 196 Seiten

Der gespaltene Westen. Kleine politische Schriften X. es 2383. 208 Seiten

Ach, Europa. Kleine politische Schriften XI. es 2551. 191 Seiten

Im Sog der Technokratie. Kleine Politische Schriften XII. es 2671. 193 Seiten

Jürgen Habermas als Herausgeber

Stichworte zur »Geistigen Situation der Zeit«. es 1000. 860 Seiten

Zu Jürgen Habermas

Kommunikatives Handeln. Beiträge zu Jürgen Habermas' »Theorie des kommunikativen Handelns«. Herausgegeben von Axel Honneth und Hans Joas. Erweiterte und aktualisierte Ausgabe. stw 625. 521 Seiten

Kritik und Politik. Jürgen Habermas oder das politische Defizit der »Kritischen Theorie«. Von Bernard Willms. 207 Seiten. Broschur

NF 119/4/10.15

Kritik der Verständigungsverhältnisse. Zur Theorie von Jürgen Habermas. Von Thomas McCarthy. Aus dem Amerikanischen von Max Looser. stw 782. 643 Seiten

Zwischenbetrachtungen. Im Prozeß der Aufklärung. Jürgen Habermas zum 60. Geburtstag. Herausgegeben von Axel Honneth, Thomas McCarthy, Claus Offe und Albrecht Wellmer. 528 Seiten. Gebunden

NF 119/5/10.15